KB146671

1일 마스터!
성공 창업을 위한 실전 세무

목차만 봐도
절세할 수 있다

1일 마스러!

성공 창업을 위한
실전 세무

김동오 지음

다온북스
DAON BOOKS

세법을 모르면 왜 망할까?

"우리나라 기업 5년 생존율 27.5%!"

대한민국은 자영업자 비율이 OECD 가입자 중 4번째로 높다. 자영업자 수가 많다는 것은 폐업도 많다는 것이다. 대부분 5년 이내에 70% 이상이 폐업을 하게 되고, 생존율은 27.5%이다. 필자도 20여 년 세무법인에 근무하는 동안 폐업하는 사장님들을 많이 봤다.

왜 이렇게도 많은 자영업자들이 망하는 것일까? 왜 5년을 버티지 못 하는 것일까? 그것은 바로 능력이나 열정이 부족해서도 아니고, 사업 수완이나 노하우가 부족해서도 아니다. 가장 큰 이유는 바로 세법에 대한 무지 때문이다. 필자는 자신할 수 있다. 세법을 알면 최소한 쉽게 망하지는 않는다. 반대로 세법을 잘 알면 그만큼 더 유리한 고지를 선점할 수 있다.

특히 지금처럼 기업 경쟁이 치열해지는 환경에서는 말이다. 기본적인 세무 지식의 무지로 인해 절약할 수 있는 세금을 낸다면 얼마나 억울하고 답답할까? 그러나 이런 경우가 비일비재하다. 세법의 무지로 인해서 말이다.

창업 후 10년 정도가 지나 베테랑 경영자가 되었을 때는 시스템을 갖추고 개선해야 한다. 왜냐하면 기업 경영에서 세금은 단순히 세금 납부에 그치지 않는다. 세금관리를 위해서는 경영시스템 개선이 우선되어야 한다. 세법에 맞는 경영시스템을 갖추어야 한다. 이를 통해 기업 경영을 과학적, 전략적으로 할 수 있게 된다. 경영 관리 시스템을 잘 구축하면 10년 이상 생존할 수 있다.

사업을 시작하는 예비 창업자들에게 가장 중요한 것은 기본적인 세무 지식이다. 세무 지식을 모르면 절세를 못 하는 것이 아니라 회사가 망한다. 이런 사실을 직시하고 세무 지식을 배우려고 하는 이들이 매우 적다. 안타까운 현실이다. 바로 이런 이유에서 자영업자들의 5년 생존율이 30%도 채 되지 않는 것이다.

약간의 세무 지식만 있었다면 충분히 세금 폭탄을 맞지 않았을 수많은 창업자를 필자는 직접 봤다. 그들은 모두 본격적으로 사업을 펼치기도 전에 세금이라는 덫에 걸려 어려움을 겪거나 회사 문을 닫았다. 계속되는 장기불황과 치열한 경쟁 속에서 생존하기조차 힘든 것이 현실이다. 하지만 세무 지식만 있다면 충분히 이겨낼 수 있다.

절세란 단순히 세금을 줄이는 것만이 아니다. 절세를 위한 경영은 기업의 수익성을 극대화한다. 즉 절세는 그저 절세가 아니라 회사의 성패를 좌우한다. 당신이 지금 당장 세무 지식을 공부해야 하는 이유이기도 하다.

이 책은 단순히 세법 지식 전달을 목적으로 하지 않는다. 절세를 위해 어떤 마인드와 자세로 회사를 창업해야 하고, 어떤 식으로 경영을 시작해야 하는지에 대해서 담았다. 약간의 세무 지식과 세법에 대한 의식만 가지고 있다면 당신도 충분히 성공할 수 있다. 절세 준비가 곧 성공의 첫 걸음이라 할 수 있다.

2020년
김동오 씀

목차

3_이것 모르면 망한다_98

3장. 창업 후 알아두면 성공하는 세무 지식

1_대표에게 가장 중요한 세금, 부가가치세!_123

2_소득세, 수입이 생기면 신고해야 한다_141

3_어려운 인건비 신고 쉽게 하는 법_166

보험료는 사업주가 전액 부담한다 / 4대 보험을 가입하지 않아도 되는 근로자가 있다 / 4대 보험 꼭 가입해야 하나? / 인적 용역 사업 소득일까? 기타 소득일까? / 노동자 30인 미만 사업장은 일자리 안정 자금을 지원 받을 수 있다 / 일자리 안정 자금을 지원 받을 수 있는 노동자는?

4장. 세금? 절세? 증빙? 이게 다 뭐지?

증빙을 알아야 성공할 수 있다 / 증빙에도 격이 있다, 지출 증빙의 두 가지 / '정규 지출 증빙'이 절세의 첫 걸음이다 / 세금 계산서와 계산서가 다른 점은? / 계산서로 받아야 한다

현금 영수증, 근로자는 '소득 공제용'! 사업자는 '지출 증빙용'! / 차량 유지비 기준을 지켜야 비용처리 할 수 있다 / 업무용 승용차가 뭐지? / 업무용 승용차 가족이 사용할 수 있나? / 기계 장치를 구매하고 세금 계산서를 받지 못했어요 / 경조사비 문자도 절세할 수 있다 / 해외 출장비, 증빙 없이 경비처리 가능할까? / 정규 지출 증빙으로 받아도 경비처리 안 된다 / 접대비와 복리후생비 / 접대비 지출은 법인카드로 사용해야 한다 / 접대비에는 한도가 있다 / 문화 접대비로 세금 줄이기 / 기부금과 광고 선전비, 접대비는 다르다 / 법정 기부금, 지정 기부금의 차이는? / 연구 개발비 자산일까? 비용일까? / 연구 · 인력 개발비 세액 공제 / 연구 · 인력 개발비 세액 공제를 받을 수 없는 연구원 급여

못 받은 돈, 비용처리할 수 있다 / 대손 처리할 수 있는 채권은? / 대손 처리 가능한 요건은? / 대손 처리 절차 / 소멸 시효란? / 소멸 시효 중단 사유 / 확정 판결 후 '꼭' 해야 할 일 / 대손 처리에 필요한 재산 명시 신청 / 못 받은 돈, 법적으로 신용불량자 등록하기

가공경비가 뭐예요? / '위장거래'와 '가공거래' / 위장, 가공거래 시 추징되는 세금은? / 배우자의 인건비 경비처리 가능할까요? / 배우자에게 급여 지급 시 꼭 지켜야 할 사항 / 법인 대표가 꼭 알아야 하는 가지급금 / 세금 5년간 안 내면 없어질까? / 체납하면 출국 금지 당할까?

5장. 아무도 모르는 절세 특급 노하우

부가가치세 절세 노하우, '세금 계산 구조'가 핵심 / 매입세액 잘 챙겨야 줄일 수 있다 / 놓치

기 쉬운 기타 매입세액 100% 챙기기 / 부가가치세 공제받지 못하는 매입세액도 있다 / 안 내도 될 세금, 가산세는 피하자

소득세 절세 노하우, '세금 계산 구조'가 핵심 / 소득세법상 필요 경비란? / 경비로 인정받을 수 없는 항목이 있다 / 소득 공제로 세금 줄이기 / 세액 공제로 세금 줄이기

연말 정산! 구조를 알면 환급받을 수 있다 / 월급 중 세금을 내지 않아도 되는 항목이 있다 / 저축과 절세를 한 번에 해결하는 연금 저축 / 연말 정산 환급받는 방법 5가지

안 내도 되는 세금, 가산세 / 가산세의 종류 / 국세기본법상 가산세 / 법인 사업자만 납부하는 가산세가 있다 / 개인 사업자가 꼭 피해야 하는 가산세가 있다

6장. 세무 조사, 이렇게만 하면 피할 수 있다

세무 조사 피하는 방법은 없나요? / 어떤 사업자가 세무 조사를 받을까? / 세무 조사를 받지 않는 사업자도 있다 / 매출 누락은 곧 세금 폭탄이다 / 고소득 사업자 세무 조사 사례 / 고소득 유튜버 세무 조사 / 국세청은 당신이 알고 있는 것 보다 더 많은 것을 알고 있다 / 1천만 원 이상 현금, 입·출금 시 보고된다

세무 조사 절차흐름도 / 세무 조사에 대응하는 방법 / 세무 조사 전 준비할 서류 / 세무 조사, 연기할 수 있다 / 세무 조사 결과통지서가 왔어요 / '조기결정신청제'로 세금 줄이기

늘어나는 탈세 제보! / 차명계좌를 이용한 탈세 / 차명계좌 신고 포상금 제도 / 타인 명의 사업자 신고 포상금 100만 원! / 현금 영수증 발급거부(미발급) 신고 포상금

모범납세자로 선정되면 받을 수 있는 혜택은? / 모범납세자 선발 기준은?

에필로그

1장

왜 세무 지식이 중요한가?

01

세무 지식! 알아야 성공한다

알아야 절세할 수 있다 ✍🏻

창업을 준비하는 사람들이 창업 전에 준비하고 점검해야 할 사항들은 너무도 많다. 세무도 그중 하나에 속한다. 그러나 대부분의 창업자들은 사업에 관련된 다른 사항은 꼼꼼히 챙기면서도 세무에 대해서는 별로 공부하지 않곤 한다.

창업자들이 비로소 세무에 관심을 갖기 시작하는 시기는 부가가치세와 종합 소득세 신고 전이다. 직접 신고하기에는 '세금을 많이 납부하게 되지는 않을까'하는 불안감이 들어서다. 많은 사업자가 이 시기에 세무사를 찾아온다. 대부분 세무에 대해서는 잘 모르지만, 무조건 세금을 줄여 달라고 요청한다.

사업자가 원하는 대로 세금을 줄여줄 수 있는 세무사는 없다. 그러나 창업 전에 먼저 만나서 미래에 대한 세금 전략을 세웠다면 줄일 수는 있다.

사업의 시작은 사업자 등록부터다. 사업자 유형을 잘못 선택해 시작부터 세금을 더 내는 경우도 있다. 사업자 등록을 미리 하지 않아서 부가가치세를 환급받지 못하는 경우도 있다. 사소한 세무 지식을 몰라서 억울한 세금을 내는 경우는 무수히 많다.

물론 사업자가 세무 지식을 잘 알아야지만 사업에 성공하는 건 아니다. 다만 사업자가 꼭 알아야 할 필수 세무 지식은 분명히 있다.

국내 창업기업의 5년 이내 폐업률 70.8% ✍️

사업자라면 누구나 세금을 납부해야 한다. 사업자가 납부하는 세금의 종류는 다양하다. 납부 시기도 다르고, 세금 계산 구조도 다르다. 그러나 납부해야 할 세금에 어떤 것이 있는지 알고 시작한 사업자는 많지 않다. 대부분 사업자는 세금에 대한 사전지식 없이 세금을 낸다.

물론 사업자가 납부해야 할 모든 세금에 대해 알아야 할 필요는 없다. 다만 정기적으로 내야 하는 세금에 대해서는 알아두는 것이

1일 마스터! 성공 창업을 위한 실전 세무

좋다.

필자는 그동안 창업자가 세금 때문에 폐업하고, 파산하고, 신용불량자가 되는 경우를 많이 보아왔다. 대부분의 창업자는 기본적인 세금 지식조차 모르고 창업을 한다. 창업 전 세무 지식은 성공 창업의 필수 조건이라 꼭 알아 둘 필요가 있다.

세금에 대해 무지하다 ✍️

사업자들이 세금에 대한 인식은 '아깝다', '빼앗기는 것 같다'와 같이 부정적인 편이다. 세금을 많이 내고 싶은 사람은 없을 것이다. 무조건적으로 세금을 내기 싫다고 하는 사람도 꽤 많다.

왜 그럴까? 여기에는 몇 가지 이유가 있다. 아마도 세금 부과에 대한 불신과 그 쓰임에 대한 의심에서 비롯된 것 같다.

그런데 정작 세금 내기를 아까워하면서도 세금에 대해서 알아보지 않고 '세무사가 알아서 해주겠지'하며 가볍게 여기는 경우가 많다. 사업 규모가 크든 작든, 투자 금액이 많건 적건 사업을 하려면 많은 자본과 자원이 투입된다. 이렇게 생산과 영업만큼이나 세금도 중요한 부분이다.

세금은 사업을 운영하면서 직접적으로 경험하는 대상이 아니다.

경험을 통해 습득하는 것이 아니라 미리 준비해야 할 대상이라는 뜻이다. 모든 것을 완벽하게 처리할 수 있는 사업자는 많지 않다. 부족한 부분을 인식하고 전문가와 상담을 통해 미리 준비하면 된다. 각 분야의 전문가가 사업자를 도와주고 있다. 그들을 충분히 활용하기를 바란다.

세금을 모르면 기업이 망한다 ✍️

사업자가 세금을 적게 내려면 먼저 기업의 제도 정비를 꼭 해야 한다. 제도 정비를 통해 기업이 내야 할 세금을 절감할 수 있기 때문이다. 이를 통해 기업의 틀을 갖추고 지속적인 성장을 할 수 있다.

법인의 대표들은 영업 활동과 기타의 이유로 증빙 없이 자금을 지출하기도 한다. 내용이 불분명한 지출은 회계상 모두 대표이사의 가지급금으로 처리한다. 가지급금은 법인세를 증가시키고 대표이사 개인에게는 소득세가 추가 과세된다.

기업과 세금은 떼려야 뗄 수 없는 밀접한 관계다. 기업이 세금을 줄이기 위해서는 세법에 맞지 않는 기업 활동이 있는지를 점검하고 대책을 마련해야 한다. 세금을 줄이기 위한 제도 정비가 기업이 망하지 않고 성공하는 비결이다.

일반 창업 vs 프랜차이즈 창업 ✍

많은 사람이 창업을 꿈꾼다. 30~40대에 창업하는 사람들이 늘어나면서 창업하는 연령대도 매우 낮아졌다. 그러나 신규 창업의 성공률은 높지 않다. 대부분의 창업자가 선택하는 업종은 요식업이다. 요식업을 경험해 보지 않고 창업하는 경우를 많이 봤는데 개업 후 1년은 초기 투자 비용이 아까워 사업을 유지하지만, 2년 이상 운영하는 사람들은 많지 않았다.

특별한 재능이나 경험이 없다면 일반 창업보다는 프랜차이즈 창업이 낫다. 상권 분석, 인테리어, 메뉴 개발, 지역 홍보 등 개업 초기부터 개업 후 매장 관리까지 체계적인 관리를 받을 수 있기 때문이다. 자신이 좋아하는 업종을 선택한 뒤 믿을 수 있는 프랜차이즈 업체를 선택한다면 일반 창업보다는 실패할 확률을 줄일 수 있다.

부가가치세는 매출이 아니다 ✍

프랜차이즈 업종 대부분은 일반 소비자를 대상으로 하는 요식업이다. 요식업을 하는 사업자들과 손익에 대해 상담을 하면서 알게 된 것이 있다. 부가가치세를 매출로 알고 있다는 점이다. 부가가치세는 매출에 포함되어 있지만, 매출은 아니다. 즉 부가가치세를 매출과 분리해서 이익을 계산해야 한다.

사업자는 개업 전에 예상이익을 계산하고 사업을 시작한다. 부가가치세가 포함된 매출에서 원가, 인건비 등의 경비를 뺀 후에 이익을 계산해야 한다. 부가가치세를 포함해 계산했던 개업 전 이익과 개업 후 이익에는 차이가 발생한다. 부가가치세만큼 실제이익이 줄어드는 것이다.

요식업의 경우 일반 과세자는 매출액의 3%~5%의 부가가치세를 부담한다. 개업 전 부가가치세를 매출액에 포함해서 계산한 예상이익률을 10%로 계산했다면, 개업 후 실질적인 이익률은 5%에서 7%로 떨어진다.

이익을 계산하지 못하면 성공할 수 없다 ✍

사업자의 궁극적인 목표는 이익을 내는 것이다. 그런데 아이러니하게도 매월 이익을 계산하는 사업자는 생각보다 많지 않다. 매월 이익을 계산하고 있는 사업자 중 이익을 정확하게 계산할 줄 아는 사업자가 얼마나 될까?

프랜차이즈 업종 중 70% 이상이 외식업이다. 자료에 따르면 외식업 5년 생존율은 19.1%이다. 그만큼 외식업으로 성공하기가 쉽지 않다는 의미다. 정확한 이익을 계산할 수 있어야 문제점을 파악하고 개선할 수 있다.

이익을 계산하기 위해서는 손익구조를 알아야 한다. 지속적으로 손익구조를 개선해야 성공할 수 있다. 손익구조를 통해 예상이익을 얻기 위한 목표매출을 정하고, 예상이익과 실제이익과의 차이 원인을 찾아낼 수 있어야 한다. 이는 외식업뿐만 아니라 다른 업종에서도 마찬가지다. 우리 회사만의 손익구조로 손익을 계산하고 비교 검토할 수 있어야 성공할 수 있다.

외식업소 손익구조 일반 사례

매출		100
변동비	인건비	25
	식재비	32
	제경비	8
고정비	임대비	8
	감각상각비 금융이자 등	5~8
비용 합계		78~81
수익		22~19

자료: 한국외식경영학회, 단위:%

매출액이 같아도 소득세는 다르다 ✍️

5월 소득세 신고 때 종종 듣는 질문이 있다. '매출액이 같은데 왜 소득세는 다르게 나오나요?'라는 질문이다. 아마도 주변의 다른 사업자와 비교해 본 뒤 한 질문일 것이다. 소득세 계산 구조는 매출액에서 필요 경비를 차감한 소득 금액에서 소득 공제 후, 산출세액에서 세액 공제와 감면을 차감하게 된다.

소득세 계산 구조상 세금이 같으려면 매출액만 같아서는 안 된다. 필요 경비도 같아야 하고, 소득 공제도 같아야 한다. 또한 세액 감면과 공제도 같아야 한다. 비록 같은 업종의 사업을 한다고 해도 모든 조건이 같을 수는 없다.

제조업의 필요 경비 구성은 제조 원가·판매비·일반 관리비로 나뉜다. 이 중 제조 원가는 다시 원재료비·노무비·경비로 나뉘고, 판매비와 일반 관리비의 경우 임대료 등 더욱 많은 계정 과목으로 구성된다.

똑같은 제품을 생산한다고 하더라도 모든 조건이 같을 수는 없다. 따라서 매출액이 같다고 해서 세금도 같을 수는 없다. 각 회사마다 다른 원가구조와 손익구조를 갖고 있기 때문이다.

중요한 것은 단순히 세금을 비교하는 것보다는 원가구조와 손익구조에서 무엇이 다른가를 비교한 다음, 이익을 극대화하는 것이다.

사업자가 알아야 할 기초 세무용어 ✍

사업자와 세무 상담을 하면서 최대한 쉽게 설명하려고 노력하지만 안 되는 것이 있다. 바로 세무용어다. 세무용어는 한자로 되어 있고 생소하기에 사업자가 이해하기 쉽지 않다.

세무용어를 알면 세무와 관련된 이야기를 할 때 도움이 된다. 사업을 하면서 자주 접하게 되는 세무용어를 다음과 같이 정리해 보았다.

과세 요건 ✔

세금을 부과하기 위한 4가지 과세 요건으로 납세의무자, 과세 대상, 과세 표준, 세율이 충족되어야 한다.

납세의무자 ✔

세법에 의해 세금을 납부할 의무가 있는 자를 말한다.

과세 대상 ✔

세금을 부과하는 대상으로, 과세객체 혹은 과세물건이라고 한다. 소득세의 과세 대상은 개인의 소득이고, 법인세의 과세 대상은 법인의 소득이다. 부가가치세 과세 대상은 재화 또는 용역의 공급이다.

과세표준 ✔

과세표준은 산출 세액을 계산하는 기초가 되는 과세 대상의 수량이나 금액을 말한다.

세율 ✔

과세표준에 세율을 곱해 세액을 계산하는 기준이다. 소득세 세율은 6~42%, 법인세 세율은 10~25%이다.

과세 기간 ✔

각 세금의 과세표준을 계산하게 되는 시간적 단위를 말하며, 과세 기간은 각 세법에 규정되어 있다. 소득세법상 개인 사업자의 소득세 과세 기간은 매년 1월 1일부터 12월 31일까지다. 법인세법상 과세 기간은 사업 연도이다. 사업 연도는 법령 또는 정관 등에서 정하는 1회계 기간으로 한다.

가산세 ✔

세법에 규정하는 의무의 성실한 이행을 확보할 목적으로 그 의무를 위반한 경우에 세법에 따라 산출한 세액에 더해 징수하는 금액을 말한다. 국세기본법상 가산세로는 무신고 가산세, 과소 신고 가산세, 납부 불성실 가산세, 원천 징수 납부 불성실 가산세가 있다.

1일 마스터! 성공 창업을 위한 실전 세무

가산금 ✔

국세를 납부 기한까지 납부하지 아니한 경우에 국세징수법에 따라 고지 세액에 더하여 징수하는 금액이다. 가산금은 고지된 납부 기한까지 납부하지 않았을 때 부과되는 가산금과 납부 기한이 지난 날부터 매 1개월이 지날 때마다 부과되는 중가산금으로 나뉜다.

귀속 시기 ✔

수익과 비용이 인식되는 시기를 말한다. 세법상 총수입 금액과 필요 경비는 어느 시점에 이를 인식하는가에 따라 각 연도의 소득이 달라지고 조세 부담의 시기가 달라진다. 기업 회계 기준에서는 수익을 실현주의에 의하여, 비용은 수익 비용 대응의 원칙에 의하여 인식하고 있다. 세법상에서는 권리의무확정주의에 의하여 손익의 귀속 시기를 결정한다.

02

회사 경영에 반드시 필요하다

사업자가 꼭 알아야 하는 세금 ✍️

사업자라면 부가가치세, 소득세(법인세), 원천세 만큼은 꼭 알아 두어야 한다.

부가가치세는 상품 등을 판매하거나 서비스를 제공할 때 내는 세금으로 무척 중요하다. 부가가치세를 통해서 매출액이 확정되고, 매입 자료를 통해 기업 이익을 어느 정도 예측할 수 있다.

소득세는 연간 소득에 대해 내는 세금이다. 소득의 주체가 개인일 경우 개인 소득세, 법인일 경우 법인 소득세라 한다. 현행 세법에서는 개인 소득세를 '소득세', 법인 소득세를 '법인세'라 부른다.

'원천세'는 사업자가 종업원 등 소득자에게 각종 소득을 지급할 때 소득자에게 원천 징수하여 국가에 대신 내는 세금을 말한다.

1. 사업자에게 가장 중요한 부가가치세

세금 신고 중에서 가장 중요한 것이 바로 부가가치세 신고이다. 부가가치세 신고를 잘못하면 소득세, 법인세 신고도 잘못하게 된다. 부가가치세 신고의 대부분은 세금 계산서 자료에 의해 작성된다. 또한 세금 계산서는 사업자 간 거래에 대한 증빙자료로 사용된다. 이렇게 중요한 세금 계산서 관리를 소홀히 해서 큰 금액의 세금 추징을 받는 경우를 많이 봤다. 또한 적법하지 않은 세금 계산서로 인해 세무상 불이익을 받는 일이 없도록 각별히 주의해야 한다.

부가가치세= 매출 세액-매입세액

부가가치세를 이익에서 납부하는 것으로 잘못 알고 있는 경우가 많다. 부가가치세는 상품이나 서비스 가격에 포함되어 소비자가 상품 대금을 지급할 때 부담하게 되므로 최종적으로는 소비자가 부담하는 세금이다. 즉 사업자는 소비자가 부담한 세금을 잠시 보관했다가 국가에 낸다고 보면 된다.

2. 개인 사업자는 1년에 한 번 '소득세 신고'를 해야 한다

소득세는 개인이 사업을 통해 얻은 소득에 대해서 내는 세금을 말한다. 과세 대상 소득 금액은 1월 1일부터 12월 31일까지 1년간

의 총수입 금액에서 원가 등 필요 경비를 차감한 금액을 말한다. 소득세는 과세 기간 다음 해 5월 31일까지 신고 · 납부하면 된다.

소득세는 사업 소득뿐만 아니라 근로, 배당, 임대, 이자, 연금, 기타 소득 등 1년 동안 발생한 다양한 종류의 소득을 모두 합쳐서 신고해야 한다. 사업자가 아닌 근로자들은 연말 정산을 통해 소득을 신고한다.

사업 소득 이외에 다른 소득이 있다면 소득세 합산 대상 소득인지를 꼭 확인해야 한다. 특히 연금 소득이나 배당 소득, 자문을 해주고 받은 사업 소득 등이 있다면 합산 신고해야 한다. 다른 소득을 합산 신고하지 못하면 추가로 소득세와 가산세를 납부해야 한다.

3. 법인 사업자도 '소득세 신고'를 한다

법인도 1년 동안 얻은 수입 금액(익금)에서 비용(손금)을 차감한 금액에 대해 소득세 신고를 한다. 이를 '법인세'라고 한다. 법인의 과세 기간은 1년 이내에 자유롭게 정할 수 있다. 법인의 대부분은 1월 1일부터 12월 31일까지를 사업 연도로 한다. 그러나 일부 기업은 사업 연도가 3월 31일 혹은 6월 30일에 마감되는 경우도 있다. 회사의 특성에 따라 정관이나 법률 규정에 따라 조정할 수도 있다.

법인세와 소득세의 가장 큰 차이는 세율에 있다. 법인세율은 2억 원 이하 10%, 2억 원 초과~200억 원 이하는 20%, 200억 원 초과

~3,000억 원 이하는 22%, 3,000억 원 초과는 25%로 4개 구간이다.
반면 소득세율은 6~42%까지 7개 구간이다.

소득세율과 법인세율의 비교

개인		법인	
과세표준 기준(원)	세율 (%)	과세표준 기준(원)	세율 (%)
1,200만 이하	6	2억 이하	10
1,200만 초과 ~ 4,600만 이하	15		
4,600만 초과 ~ 8,800만 이하	24	2억 초과 ~200억 이하	20
8,800만 초과 ~ 1억,500만 이하	35	200억 초과 ~3,000억 이하	22
1억 500만 초과 ~ 3억 이하	38	3,000억 초과	25
3억 초과 ~5억 이하	40		
5억 초과	42		

4. 사업자가 근로자 대신에 납부하는 세금이 있다?

사업자가 가장 자주 내는 세금이 바로 원천세다. 원천세란 상대
방의 소득 또는 수입이 되는 금액을 지급할 때 이를 지급하는 사업
자(원천 징수 의무자)가 그 금액을 받는 근로자(납세 의무자)로부터 세금
을 미리 떼어서 대신 내는 제도를 말한다.

원천세는 회사가 내는 세금이 아니라 근로자가 내는 세금이다.
근로자도 세금을 내야 하는데 근로자 개인이 소득세 신고를 하기에
는 어려움이 많다. 따라서 소득이 발생할 때마다 지급자가 세금을

대신 신고하고 납부한다.

사업자가 지급할 때 미리 징수하고 신고하는 원천 징수 대상 소득은 근로 소득 이외에 퇴직 소득, 사업 소득, 기타 소득, 연금 소득, 이자 소득, 배당 소득 등이 있다.

세무 신고, 미리 준비하지 않으면 신용을 잃는다 ✍

사업을 하는 동안 사업자는 국세와 지방세 등 많은 세금을 납부하게 된다. 사업자의 경우 사업과 직접적으로 관련되어 있는 부가가치세, 원천세, 소득세, 법인세를 주로 납부한다. 기업을 경영하면서 가장 신경이 쓰이는 부분이 바로 세금 납부다. 체납 시 기업 신용도에 나쁜 영향을 주기 때문에 미리미리 세액을 예측하여 세금 납부 시기까지 자금을 준비해야 한다. 적어도 세금 체납으로 인해 기업의 신용도가 떨어져 경영에 차질을 일으키는 일은 없도록 해야 한다.

체납을 방지하려면 언제 세금을 내는지 알아야 하고, 내야 할 세금이 얼마인지를 예측할 수 있어야 한다. 세금에는 납부 기한이 있으니 사업자는 언제, 어떤 세금을 얼마나 내야하는지 정도는 꼭 알아두도록 하자.

1. 1월, 4월, 7월, 10월은 부가가치세 납부하는 달

사업자가 가장 아까워하는 세금이 있다. 바로 부가가치세다. 납부할 때마다 소득이 줄어드는 느낌이 들기 때문이다. 하지만 매출대금에는 10%의 부가가치세가 포함되어 있다. 이 말은 곧 '매출과 부가가치세는 별개'라는 뜻이다.

부가가치세를 납부하기 위해 부가가치세 금액을 별도로 예치해두는 사업자는 많지 않다. 개인과 법인은 3개월 단위로 부가가치세를 납부해야 한다. 3개월분의 부가가치세를 한 번에 납부해야 하기 때문에 미리 준비해두는 것이 좋다.

법인 사업자는 분기별로 실적에 따라 4번 신고·납부하면 된다. 개인 사업자는 1월 1일부터 6월 30일까지의 매출 실적을 7월 25일까지 신고해야 하며, 7월 1일부터 12월 31일까지의 매출 실적에 대해서는 1월 25일까지 신고·납부해야 한다. 4월 25일과 10월 25일에는 신고는 하지 않고 직전 6개월분 납부 세액의 50%를 예정고지로 납부해야 한다. 즉 '세금 신고'는 7월 25일과 1월 25일 2번 하고, '납부'는 분기별로 4번 한다.

부가가치세 신고 및 납부 기한

기간	1분기	2분기	3분기	4분기
신고 및 납부 기한	4월 25일	7월 25일	10월 25일	1월 25일
간이, 일반	예정고지		예정고지	

간이 과세자는 1월 1일부터 12월 31일까지의 매출실적에 대해 1월 25일까지 신고 · 납부해야 한다. 간이 과세자도 전년도 납부 세액이 60만 원이 넘는 경우 예정고지를 7월 25일까지 납부해야 한다 (간이 과세자와 일반 과세자의 경우 예정고지세액이 30만 원 미만일 때에는 예정고지서를 발급하지 않는다).

2. 소득세·법인세는 1년에 2번 납부한다

개인 사업자는 5월 31일까지 종합 소득세 신고를 하고, 법인 사업자는 3월 31일까지 법인세 신고를 해야 한다. 종합 소득세란 1년간의 소득에 대해 납부하는 세금으로 부가가치세, 원천세가 근간을 이룬다. 개인과 법인 모두 세금을 미리 내는 중간 예납을 해야 한다. 개인 사업자는 11월 30일까지, 법인 사업자는 8월 31일까지 직전 과세 기간 납부 세액의 50%를 납부하게 된다. 중간 예납 세액이 30만 원 미만인 개인 사업자의 경우 납부대상에서 제외된다.

소득세, 법인세 신고 및 납부 기한

구분	신고 및 납부 기한	중간 예납
소득세	5월 31일	11월 30일
법인세	3월 31일	8월 31일

——— 1일 마스터! 성공 창업을 위한 실전 세무

3. 매월 납부하는 세금

원천세는 매월 납부해야 한다. 사업자(원천 징수 의무자)는 매월 급여 지급 시 원천 징수한 소득세를 다음 달 10일까지 신고 · 납부해야 한다. 매월 납부하는 일이 번거롭다면 6개월 단위로 신고할 수도 있다. 직전 과세 기간(신규 사업자는 반기)의 상시 고용인원이 20명 이하인 원천 징수 의무자는 관할 세무서장의 승인을 받아 반기별로 원천세 신고를 할 수 있다.

원천세를 반기별로 신고하면 매월 신고해야 하는 번거로움이 줄어든다는 장점이 있다. 다만 6개월분의 세금을 목돈으로 한꺼번에 납부해야 하는 단점도 있다. 회사의 여건에 맞는 합리적인 선택이 필요하다.

원천세 신고 및 납부 기한

구분	신고 및 납부 기한
매월 납부	매월 10일
반기별 신고 납부	7월 10일(1.1~6.30), 1월 10일(7.1~12.31)

반기별 납부 신청 기한

반기별 승인 신청 기한	원천세 반기별 신고 및 납부 기간
직전 연도 12월 1일~12월 31일까지 신청	1월 1일~6월 30일
당해 연도 6월 1일~6월 30일까지 신청	7월 1일~12월 31일

절세의 시작은 홈택스 가입이다 ✍

처음 사업을 시작하는 초보 사장님들과의 상담은 즐겁다. 사업 전반에 관련한 이야기를 듣고 예상되는 세무상의 문제점이나 운영상 주의사항들에 대해 같이 논의하고 해결점을 찾아가는 과정이기 때문이다.

세금 신고 시기가 되면 세무 상담 전화를 많이 받는다. 필자는 전화로 하는 세무 상담을 선호하지 않는다. 간단한 사항은 전화 상담으로 가능하겠지만 대부분 간단하지 않아서다.

기본적인 사항을 들어보고 방문 상담이 필요하다고 판단되면 예약 일자를 정한다. 상담 일자를 조정하면서 초보 사장님께 상담 시에 꼭 가져오라고 하는 것이 있다. 바로 공인인증서다.

세무 상담을 하기 위해서는 회사에 대한 정보가 필요하다. 회사를 진단하고 문제점을 찾기 위해서는 자료가 있어야 한다. 처음에는 필요한 서류를 방문 시에 가져오라고 친절하게 안내했다. 하지만 대부분 가져오지 않는다. 아니, 못 가져온다. 서류의 명칭도 생소하고 어디에 자료를 요청해야 하는지도 몰라서다.

공인인증서는 국세청 홈택스(www.hometax.go.kr)에 회원가입을 하거나 로그인할 때 꼭 필요하다. 홈택스에는 세무 상담에 필요한 대부분의 자료가 들어 있다.

국세청 홈택스 조회/발급 카테고리

Hometax. 국세청홈택스   조회/발급   민원증명   신청/제출   신고/납부   상담/제보   세무대리인   검색 전체메뉴

전자세금계산서
+ 발급
+ 목록조회
+ 합계표 및 통계조회
+ 사용자유형별 조회권한 관리
+ 주민번호수취분전환및조회
+ 발급보류/예비목록조회
• 매입발행목록 조회 및 재발송
• 수신전용메일 신청
• 제3자 발급사실 조회
+ 거래처 및 품목관리
+ 기타조회

연말정산
• 연말정산간소화
• 바로가기

세무대리정보

현금영수증
+ 현금영수증조회
+ 현금영수증 수정
+ 현금영수증 발급수단
+ 사업용신용카드
+ 화물운전자복지카드
+ 납세관리인 조회 서비스
• 현금영수증 인터넷 발급 안내
• 현금영수증 발급

기타 조회/발급
• 국세환급금 찾기
• 전자고지 열람
• 허가내역 조회

근로장려금·자녀장려금
• 소득자료확인하기
• 주택 등 기준시가 조회

세금신고납부
• 양도소득세 종합안내
• 부가가치세매입자납부특례조회
• 부가가치세 신고도움 서비스
• 부가가치세카드사대리납부조회
• 부가세예정고지 세액조회
• 수출실적명세서 조회
• 증여세 결정정보 조회
• 상속세 합산대상 사전증여재산 결정정보 조회
• 상속·증여재산 평가하기
• 전자신고결과조회
• 종합소득세 신고도움 서비스
• 법인세 신고도움 서비스
• 법인세 중간예납 세액조회
• 신용카드 매출자료조회
• 현지기업고유번호 조회
• 납부내역 조회

기타 조회
• 세금포인트
• 과세유형전환
• 사업용계좌신고현황
• 주류면허상태
• 기준단순 경비율(업종코드)
• 위원회회의자료
• 전통시장 조회/등록
• 과세자료조회
• 지급보증 정상가격 조회
• 환급금 상세조회
• 납세관리인 위임자 조회
• 반송된 우편고지서 내역
• 서면(방문,우편등) 접수현황조회
+ 기준시가 조회
• 상속인국세정보조회
• 전통시장 정보 조회
• 실손의료보험금 조회

홈택스 접속 후 조회/발급 메뉴를 선택하면 전자 세금 계산서 발행내역, 현금 영수증 사용내역, 세금 신고납부 현황, 기타 조회 등 세무 상담에 필요한 자료를 충분히 조회할 수 있다. 또한 초보 사장님들이 홈택스 가입과 동시에 필수로 가입해야 하는 항목들이 있다. 필수로 가입해야 하는 항목에는 ① 현금 영수증 발급용 카드번호 등록 ② 사업용 신용카드 등록 ③ 사업용 계좌 등록이다. 홈택스에서 빠진 사항이 있는지도 같이 점검할 수 있다.

홈택스를 활용하면 직접 세무서를 방문하지 않아도 세금 신고와 세금 납부, 각종 민원증명 발급, 현금 영수증 조회, 전자 세금 계산서 조회/발급 등을 편리하게 이용할 수 있다. 특히 홈택스를 통한 전자 세금 계산서 발급은 영세 자영업자들에게 유용하게 쓰이고 있다.

홈택스만 잘 활용해도 절세할 수 있다. 곧 절세의 시작은 홈택스 가입부터다.

초보 사장, 홈택스 가입하기 ✍️

홈택스에 회원가입을 하는 방법은 두 가지다. 홈택스에 접속해서 직접 가입하거나 세무서를 방문해서 '홈택스 이용신청서'를 제출하는 방법이다. 대부분 홈택스에 접속해 가입한다.

홈택스에 회원가입을 하기 위해서는 다음의 절차가 필요하다.
① 개인은 주민등록번호로 발급된 공인인증서, 본인 인증을 위한 본인 명의의 휴대폰이나 신용카드가 필요하다.
② 사업자는 사업자 등록번호로 발급된 공인인증서, 전자 세금계산서 발급용 보안카드(세무서에서 무료 발급)를 통한 인증으로 가입할 수 있다.

홈택스 가입 절차는 다음과 같다.

1. 회원가입 > 2. 회원유형선택 > 3. 본인인증 >

4. 이용약관동의 > 5. 회원정보등록 > 6. 가입완료

1. 회원가입: 홈택스 접속 〉[회원가입]

2. 회원 유형 선택: 회원 유형은 개인, 개인 사업자, 법인 사업자, 세무 대리인 중에서 '사업자·세무 대리인 〉 사업자 등록번호로 회원가입'을 선택한다.

3. 본인인증: 개인은 주민등록번호로 발급한 공인인증서, 본인 명의 휴대전화 또는 신용카드 번호로 인증한다. 사업자는 사업자 등록번호로 발급된 공인인증서, 전자 세금 계산서 발급용 보안카드를 통해 인증한다.

4. 이용 약관 동의

5. 회원 정보등록: 아이디, 비밀번호, 휴대폰 번호, 이메일 주소 등을 기입한다.

6. 가입 완료

홈택스에 사업용 신용카드 등록하기 ✍

사업용 신용카드는 본인 명의의 카드로 50개까지 등록할 수 있다. 홈택스에 사업용 신용카드를 등록하면 부가가치세 신고를 편리하게 할 수 있다. 또한 등록된 카드의 사용내역을 홈택스를 통해 조회할 수 있다. 사업 관련 비용을 등록된 카드로 사용하면 비용 누락 없이 소득세 신고 시 필요 경비로 인정받을 수 있어서 세금을 줄일 수 있다. 그러니 사업 관련 비용을 지출할 때 사용하는 카드는 모두 등록하는 것이 절세의 지름길이다.

홈택스 사업용 신용카드 등록 절차는 다음과 같다

| 1. 로그인 | > | 2. 조회/발급 | > | 3. 사업용 신용카드 | > | 3. 사업용 신용카드 등록 |

1. 로그인 : 홈택스 접속 > [로그인]
2. 조회/발급

1일 마스터! 성공 창업을 위한 실전 세무

3. 시업용 신용카드

4. 사업용 신용카드 등록

(국세청 홈택스 화면)

홈택스에서 사업용 계좌 등록하기 ✍️

사업용 계좌를 국세청에 신고하지 않거나 사용하지 않았을 경우에는 가산세를 부담해야 한다. 또한 창업중소기업 세액감면과 중소기업특별세액감면 등 각종 세액 감면을 받을 수 없게 된다. 이렇듯 사업용 계좌를 신고하지 않으면 세무상 불이익을 받는다.

사업용 계좌는 반드시 국세청 홈택스에 신고하게 되어 있으며 국세청에서 실시간으로 등록 여부를 확인할 수 있다. 사업 초기에 사업과 관련하여 사용할 은행 계좌를 미리 등록해 놓으면 미신고·미사용으로 인한 가산세 부담을 피할 수 있다.

홈택스 사업용 계좌 등록 절차는 다음과 같다.

1. 로그인 > 2. 신고/납부 > 3. 사업용(공익법인전용)계좌 개설

1. 로그인 : 홈택스 > [로그인]

2. 신고/납부

3. 사업용(공익법인전용)계좌 개설

(국세청 홈택스 화면)

—⟨03⟩—

사업의 성패를 좌우한다

미리 등록하면 세금을 돌려받을 수 있다 ✍

사업자 등록은 사업장이 구해지면 즉시 신청해야 절세에 도움이 된다. 개업 전 사업장을 조성하는 과정에서 인테리어 비용이나 비품 구입 등으로 가장 많은 지출이 발생한다. 이때 사업자 등록이 되어 있지 않으면 세금 계산서를 교부받을 수 없어서 매입세액을 공제받을 수 없다. 간혹 세금 계산서를 교부받지 못해서 큰 금액의 인테리어 비용에 대한 매입세액 공제를 받지 못하는 경우도 있다.

사업 초기의 절세는 이익과 같아, 사업 준비 단계에서부터 챙기지 않으면 절세할 수 없다. 매입 자료가 발생하면 적어도 20일 이내에는 꼭 사업자 등록을 해서 세금 계산서로 매입 받을 수 있도록 하자.

사업자 등록을 하지 않으면 세금 폭탄 맞는다 ✍

사업을 개시하면 반드시 20일 이내에 사업자 등록을 해야 한다. 그런데 사업자 등록을 하지 않고 사업을 하는 사업자도 있다. 앞서 말했듯이 매입 세금 계산서를 발급받을 수 없기 때문에 매입세액을 공제받을 수 없다. 또한 사업자 등록을 하지 않고 매출이 발생했을 경우, 미등록 가산세로 공급가액의 1%(간이 과세자는 공급대가의 0.5%)를 납부해야 한다. 사업자 등록을 하지 않아서 부가가치세를 신고하지 못한 거래에 대해서는 신고 불성실 가산세와 납부 불성실 가산세도 추가로 부담해야 한다.

사업자 등록을 하지 않고 1년 이상 사업을 운영했을 경우, 부가가치세 신고뿐만 아니라 소득세 신고도 하지 않았을 경우가 많다. 소득세를 신고하지 않은 경우에도 납부하지 않은 소득세와 각종 가산세를 추가로 부담해야 한다. 사업자 등록을 하지 않으면 세금 폭탄을 맞을 수도 있다. 또한 「조세범 처벌법」 등 관련 법규에 따라 처벌되는 경우도 있다.

① 미등록 가산세 1%

일반 사업자가 상품을 1,100만 원에 매입했을 경우, 사업자 등록을 하지 않아 사업자는 공제받지 못하는 매입세액 100만 원과 미등록 가산세 10만 원을 포함해 110만 원의 세금을 더 납부해야 한다.

▶상품매입액(공급대가) 1,100만 원=공급가액 1천만 원+부가가치세 100만 원

② 신고 불성실 가산세 10%

신고를 하지 않았거나 적게 신고했을 경우 신고하지 아니한 납부 세액의 10%의 가산세를 납부해야 한다.

③ 납부 불성실 가산세 1일 0.025%

부가가치세 신고를 못했을 경우 부가가치세 납부도 못하게 된다. 이 경우 미납부 또는 과소 납부 세액의 1일 0.025%(연간 9.125%)의 가산세를 내야 한다.

사업자 등록을 다른 사람의 이름으로 해도 될까? ✍

개인적인 사정 때문에 다른 사람의 이름으로 사업자 등록을 하는 경우가 있다. 명의를 빌려주는 사람의 대부분은 친한 사이여서 거절하지 못하고 허락하곤 한다. 이는 매우 위험한 일이다. 명의를

빌려간 사람이 세금 신고를 하지 않거나 납부하지 않으면 모든 세금이 명의를 빌려준 사람에게 돌아가기 때문이다. 이는 금전적인 손해뿐만 아니라 법적인 처벌로 이어지기도 한다. 상법 제39조 및 조세범 처벌법 제11조 제2항에 의해 형사 처벌 대상이 되며 1천만 원 이하의 벌금형 처분을 받을 수 있다.

세무 상담을 하면서 부모와 자녀까지 가족 모두가 신용불량인 경우를 종종 보게 된다. 아버지가 사업을 운영하다가 경영 악화로 폐업을 하고, 이로 인해 세금이 체납되어 금융기관에 신용불량자로 등록된다. 이에 그치지 않고 사업 재개를 위해 아내 명의를 빌려서 사업자 등록을 한다. 그러다가 아내 명의로 한 사업마저 폐업하게 되고, 마지막으로 자녀의 명의로 사업을 한다. 이후 자녀 역시 신용불량자가 되어 취업마저 할 수 없게 되었다. 그러니 아무리 친한 사이라고 해도 명의를 빌려달라고 하지도, 빌려주어서도 안 된다.

집 주소로 사업자 등록을 할 수도 있나요? ✍

개인이든 법인이든 사업자 등록을 하기 위해서는 반드시 사업장(사무실)이 필요하다. 그래서 세무서에서는 꼭 사업장 임대차 계약서를 요구한다. 그러나 업종에 따라서 사업장이 필요 없는 경우도 있다. 온라인 쇼핑몰이나 프리랜서, 프로그래머, 작가 등 집에서도 사업을 운영할 수 있는 업종이 많다.

사업장을 임차하지 않아도 집에서 업무가 가능하면 집 주소로 사업자 등록을 신청할 수도 있다. 다만 사업자 등록 신청 시 관할 세무서에 집에서 사업을 운영할 수 있다는 점을 충분히 설명할 필요가 있다.

직장인도 사업자 등록을 낼 수 있다 ✍️

회사를 다니면서 '투잡'을 하는 직장인들을 종종 볼 수 있다. 사업자 등록이 필요 없는 경우도 있지만 대부분은 사업자 등록을 해야 한다. 직장인이 사업자 등록을 하는 데는 아무런 문제가 없다. 누구든 사업자 등록을 할 수 있다. 이 경우 직장에서 발생하는 근로 소득과 사업에서 발생하는 사업 소득을 합산하여 5월 종합 소득세 신고를 하면 된다.

다만 근로 계약서나 취업 규칙 등 회사 규정에 겸업 금지 사항이 있다면 주의해야 한다. 특히 다니고 있는 회사와 동종 업종으로 사업을 하는 경우라면 민사 소송까지 갈 수 있으므로 법률적 검토가 필요하다.

공동으로 사업자 등록을 하면 세금이 줄어들까? ✍

동업이란 사전적 의미는 '같이 사업을 함. 또는 그 사업'이라고 한다. 하지만 필자는 '2인 이상의 동업자가 각각의 장점과 특성을 갖고 공동으로 사업체를 경영하는 것'으로 말하고 싶다. 투자도 같이 하고 수익도 투자 금액에 따라 나눈다. 동업은 사업 초기 자금 부담을 줄이고 위험을 분산시키는 긍정적인 효과가 있다. 그러나 사업 운영과 관련한 의사결정 시에 의견이 불일치하면 동업 유지에 어려움을 겪기도 한다.

동업을 선택하는 가장 큰 이유는 세금을 줄이기 위해서다. 동업을 하면 정말 세금이 줄어들까? 소득세는 소득이 많아지면 그만큼 세율이 높아지는 누진율 제도다. 동업을 하면 동업자 수에 따라 소득 금액이 줄어들고, 낮은 세율을 적용받아서 소득세를 적게 낸다.

공동 사업자의 소득세 비교 ✔

갑과 을이 50:50 지분으로 공동 사업을 운영하여 2억 원의 소득이 발생했다.

· 1인 사업일 경우

2억 원×38%-1,940만 원(누진 공제)=5,660만 원

· 2인 공동 사업일 경우

갑: 1억 원×35%-1,490만 원(누진 공제)= 2,010만 원

을: 1억 원×35%-1,490만 원(누진 공제)= 2,010만 원

합계: 4,020만 원

이를 통해 알 수 있는 동업 시 절세 금액은 5,660만 원-4,020만 원=1,640만 원이다.

가족과 공동 사업하기 ✍️

공동 사업자의 경우 소득 금액을 '개인 단위 과세의 원칙'에 따라 각 동업자 간에 약정된 손익분배 비율(동업 계약 시 지분 비율)에 따라 분배한다. 그러나 조세를 회피하기 위해 공동 사업을 경영하는 것으로 확인될 경우, 개인별 과세가 아닌 주된 공동 사업자에게 합산 과세된다. 즉 공동 사업으로 인정받지 못하고 1인 사업으로 무거운 세금을 납부해야 한다.

가족이 공동 사업으로 인정받기 위해서는 생계를 같이해서는 안 된다. 혈연·인척 등 특수 관계인을 공동 사업자로 했을 때 역시 공

동 사업으로 인정받기 위해서는 반드시 생계를 같이하지 않아야 한다는 것이다. 가족 간이더라도 철저하게 동업 계약서를 작성하고 출자금액, 손익분배 비율, 실질적인 경영 참가 사실 등을 입증할 수 있어야 한다.

동업 계약서로 공동 사업 성공하기 ✍

동업 시 가장 중요한 것이 명확한 동업 계약서다. 실무적으로 계약서의 내용이 명확하지 않아 동업 중 법적 분쟁을 일으키는 것을 종종 보곤 한다. 동업자는 대부분 친구, 가족, 직장 동료, 선후배 등 가까운 사이가 많다. 동업 중 불필요한 분쟁으로 동업자 간의 관계가 회복할 수 없는 상황에 이르기도 한다.

동업 계약서 작성을 통하여 동업 과정에서 발생할 수 있는 분쟁을 막을 수 있다. 다음은 동업 계약서에 필수적으로 포함되어야 할 사항이다.

지분율 관계 정하기 ✔

지분율은 투자 비율을 바탕으로 정하는 것이 원칙이다. 그러나 금전적인 투자 비율 이외의 다른 것으로 정하는 경우도 있다. 예를 들자면 개인적인 능력을 기준으로 정하는 경우도 있다. 투자 비율은 각각의 기준에 따라 공정하게 산정해야 분쟁을 줄일 수 있다.

손익 산정의 기준 정하기 ✔

일반적으로 회계 기준에 의한 당기순이익을 바탕으로 손익을 산정하고 이익을 배분하는 경우가 많다. 그러나 다른 기준을 가지고 손익을 산정할 수도 있다. 미래를 위한 투자를 위해서 당기순이익의 일정 부분을 적립해둘수도 있다. 따라서 각각의 회사 사정을 반영한 손익 산정의 기준을 갖고있어야 한다.

폐업이나 동업자 탈퇴 시 정산 방법 정하기 ✔

공동 사업의 경우 경영상의 이유로 탈퇴를 해야 할 경우도 생긴다. 이때 탈퇴 시 정산 방법을 미리 정하지 않으면 분쟁이 발생하기도 한다. 때문에, 탈퇴나 폐업 시 구체적인 정산 방법을 미리 정해두어야 한다.

각자의 역할을 명확히 기재하기 ✔

사업을 운영하는 동안 각자의 역할을 정해놓아야 한다. 동업 탈퇴 이유의 대부분은 의사결정 과정의 충돌이 아닌 각자의 역할에 대한 불만에서 시작된다.

동업 계약서 작성 후 공증받기 ✔️

공증인가 기관에서 공증을 받으면 분쟁 발생 시에 가장 강력한 효력을 가

진다.

2장

창업 전 모르면 망하는 세무 지식

초보 사장에게는 필수다

사업의 시작, 사업자 등록 신청하기 ✍

창업자들은 성공과 발전을 위해 수많은 의사결정을 하게 된다. 계획하고 있는 사업이 과연 성공할 수 있을지, 자금은 충분한지, 수익성은 있는지 등 검토해야 할 사항이 많다. 많은 창업자들이 사업에 관련한 검토에 많은 시간을 투자한다. 그러나 정작 사업의 시작인 사업자 등록에 대한 고민은 많이 하지 않는다. 세무적으로 사업의 시작은 사업자 등록부터다.

'시작이 반'이라는 말이 있다. 사업자 등록 전 검토해야 할 사항들이 많다. 간이 사업자로 해야 할지, 일반 사업자로 해야 할지 등 시작부터 신중한 검토가 필요하다.

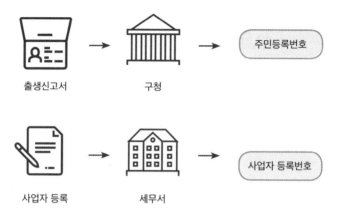

출생신고서 → 구청 → 주민등록번호

사업자 등록 → 세무서 → 사업자 등록번호

　모든 사업자는 사업 개시일 20일 이내에 사업장 관할 세무서장에게 사업자 등록을 해야 한다. 사업 개시일은 제조업의 경우 제조장별로 제조를 개시하는 날이고, 기타의 사업에 있어서는 재화 또는 용역의 공급을 개시하는 날이 된다. 사업자 등록증 발급은 2일 이내 발급해 준다. 단 세무서에서 사업장을 확인해야 하는 경우에는 7일 이내 발급해 주고 있다.

간이 과세자 혹은 일반 과세자, 어떻게 선택할까? ✍️

　사업자 등록을 할 때 개인 사업자의 경우에는 간이 과세자로 해야 할지 일반 과세자로 해야 할지 선택해야 한다. 이를 위해서는 우선 사업의 형태, 규모에 따라 어떤 유형이 적합할지 검토해야 한다. 사업자의 유형을 잘못 선택해서 창업 초기부터 세무적인 부담을 안고 시작하는 사업자가 많다. 사업자 유형 선택은 성공 창업의 첫 시작인 만큼 전문가와 상담하는 것이 좋다.

상담을 어렵게 생각하는 사업자가 의외로 많다. 하지만 사업에 관련한 지식은 해당 창업을 준비하는 사업자가 가장 잘 알고 있듯이 세무에 관련한 지식은 세무 전문가가 가장 잘 알고 있다. 그러니 상담을 통해 창업자에게 꼭 필요한 세무 지식과 사업자의 유형 선택도 쉽게 할 수 있길 바란다.

간이 과세자와 일반 과세자, 무엇이 다를까? ✍

신규 사업자들과 사업자 등록에 대한 상담을 할 때면 가장 먼저 듣는 질문이 있다. '간이 과세와 일반 과세 중 어떤 것이 세금이 적게 나오나요?', '간이 과세는 부가가치세를 안 내도 된다고 하던데, 사실인가요? 무조건 간이 과세로 해야겠지요?'

대부분 계획하는 사업에 관한 정보는 주지 않고 무조건 질문부터 하고 본다. 질문에 대한 답은 사업자의 조건에 따라 다를 수밖에 없다. 사업의 종류, 규모, 형태에 따라 다르다.

참고로 개인 사업자는 간이 과세자와 일반 사업자 중 선택할 수 있으나 법인 사업자는 간이 과세자로 적용받을 수 없고, 모두 일반 과세자다.

간이와 일반은 부가가치세가 다르다 ✔

간이 과세자와 일반 과세자는 부가가치세가 다르다. 즉 부가 가치 세율이 다르다. 일반 과세자의 부가가치세는 매출액의 10%이고 간이 과세자는 업종별로 0.5%~3%이다. 간이 과세자의 경우 연 매출액 3,000만 원 미

일반 과세자와 간이 과세자의 차이

일반 과세자	구분	간이 과세자
연 매출 4,800만 원 이상	구분	연 매출 4,800만 원 미만
공급가액×10%	매출 세액	공급가액×업종부가가치율×10%
전액	매입세액 공제	매입세액×업종부가가치율
의무 발행	세금 계산서	발행 불가
면세물품 거래 모든 업종	의제 매입세액 공제	음식업 사업자만

간이 과세 업종별 부가가치율

업종	부가가치율
전기·가스·증기·수도사업	5%
소매·재생용 재료 수집판매·음식점업	10%
제조·숙박·운수·통신·농임어업	20%
건설·부동산 임대업·그 밖의 서비스업	30%

만 일 경우 부가가치세 납부의무를 면제해 주고 있다.

간이 과세자는 세금 계산서를 발행할 수 없다 ✔

간이 과세자는 주로 소비자를 상대하는 경우가 많다. 사업자를 상대하는 경우에는 세금 계산서를 의무적으로 발행해야 한다. 이 경우에는 일반 사업자로 선택해야만 세금 계산서를 발행할 수 있다. 그러니 사업자를 대상으로 하는 경우에는 반드시 일반 과세자를 선택해야 한다.

간이 과세자는 부가가치세를 환급받을 수 없다 ✔

3월에 음식점을 창업한 사장님이 한 달 후 사무실로 찾아왔다. 창업을 하는 데 3억 원가량의 인테리어 비용이 들었는데, 3억 원에 해당하는 부가가치세 10%를 돌려받을 수 있다는 지인의 이야기를 듣고 찾아온 것이다. 그러나 사장님은 부가가치세를 환급받을 수 없었다. 사업자의 유형이 '간이 과세자'였기 때문이다.

세법은 간이 과세자에게는 부가가치세를 환급해 주지 않는다. 이 경우 부가가치세를 환급받기 위해서는 '일반 과세자'를 선택했어야 환급받을 수 있었다.

일반 과세자는 사업 초기 건물이나 기계장치, 인테리어, 비품 구입 시에 부담한 부가가치세를 환급받을 수 있는데, 간이 과세자는 부가가치세를 환급받을 수 없다. 여러모로 많은 비용이 발생하는 사업 준비 단계에서 사업자 유형 검토가 필요한 이유다.

간이 과세자 연 매출 4,800만 원이 기준이다 ✔️

연 매출액이 4,800만 원 이상인 사업자는 간이 과세자를 유지할 수 없다. 간이 과세자와 일반 과세자의 구분은 연 매출액 4,800만 원을 기준으로 한다. 개업 첫해 매출액을 예측할 수 없어서 간이 과세자로 시작했어도 첫해 매출 실적이 4,800만 원을 넘으면 간이 과세자를 유지할 수 없다.

간이 과세자가 유리한 경우가 있다 ✍️

간이 과세자의 가장 큰 장점은 부가 가치 세율이다. 일반 과세자는 모든 업종에 동일하게 10%가 적용된다. 그런데 간이 과세자는 업종에 따라 0.5~3%의 낮은 세율이 적용된다. 연간 매출액이 3,000만 원 미만일 경우에는 부가가치세 납세 의무도 면제된다. 즉, 부가가치세 측면에서 검토해야 한다.

주의해야 할 점도 있다. 간이 과세자는 부가가치세 환급이 안 되고 세금 계산서도 발행할 수 없다. 따라서 초기 투자 비용이 많아 부가가치세 환급이 예상될 경우에는, 환급받을 금액과 일반 과세자가 아닌 간이 과세자를 선택하여 줄어들게 될 부가가치세 금액과 비교해서 선택해야 한다. 그러나 사업 초기 투자 비용이 적고 연간 매출

구분	일반 과세자	간이 과세자
매출액	4,000만 원 (부가가치세 별도)	4,400만 원 (부가가치세 포함)
매출 세액	400만 원	44만 원
매입액	3,000만 원 (부가가치세 별도)	3,300만 원 (부가가치세 포함)
매입세액	300만 원	33만 원
납부(환급)세액	100만 원	11만 원

액이 4,800만 원 미만일 경우에는 간이 과세자로 시작하는 것이 유리하다.

이 경우 간이 과세자를 선택했을 경우, 부가가치세를 일반 과세자보다 89만 원 더 적게 납부하게 된다. 연간 매출액이 계속해서 4,800만 원 미만을 유지할 경우 지속적으로 부가가치세를 줄일 수 있다.

연 매출액 5,000만 원인 소매점(초기 인테리어 비용으로 1억 원 발생)

구분	일반 과세자	간이 과세자
매출액	5,000만 원(부가가치세 별도)	5,500만 원(부가가치세 포함)
매출 세액	500만 원	55만 원
매입액	4,000만 원(부가가치세 별도) 1억 원(부가가치세 별도/인테리어 비용)	4,400만 원(부가가치세 포함) 1억 1천만 원(부가가치세 포함/인테리어 비용)
매입세액	1,400만 원	154만 원

이 경우 초기 인테리어 비용이 1억 원 발생했다. 개업 첫해 간

이 과세자의 경우, 매출 세액보다 매입세액이 더 많아서 납부세액이 없다. 일반 사업자의 경우에는 초기 인테리어 비용 지출로 인해 900만 원의 환급이 발생한다. 간이 과세자는 부가가치세 환급을 받을 수 없다. 결국 간이 과세자를 선택함으로써 900만 원이라는 세금을 환급받지 못하게 되었다.

예상되는 연간 매출액이 4,800만 원이 넘을 경우, 간이 과세자를 유지할 수 있는 기간은 최대 1년 6개월 정도이다. 따라서 환급세액이 1년 6개월 동안 간이 과세자로 있을 경우의 부가가치세 절세액보다 크다면 간이 과세를 선택해서는 안 된다.

연간 매출액이 4,800만 원 미만에 해당하는 사업자는 많지 않다. 1년 6개월 동안의 부가가치세 혜택을 위해 간이 과세를 선택해서는 안 된다. 장기적인 관점에서 따져보고 합리적인 선택을 해야 한다.

간이 과세자로 등록할 수 없는 경우도 있다 ✍

간이 과세자는 연 매출액 4,800만 원 미만의 사업자로 부가가치세 세제 혜택을 받는다. 사업 실적이 영세한 사업자에게 납세 편의를 돕고 조세 행정 비용을 줄이기 위해 도입되었다. 국세청은 매년 1월 1일에 간이 과세 배제기준을 공시하고 있다. 간이 과세자에 대한 세제상 혜택을 주는 동시에 이에 대한 기준도 엄격하게 적용하고 있다.

간이 과세자가 될 수 없는 업종이 있다 ✔️

'간이 과세 배제업종'은 연 매출이 4,800만 원 미만이지만 간이 과세자로 등록할 수 없는 업종을 말한다. 간이 과세 배제업종은 세법에 정해져 있다.

① 광업

② 제조업 (떡 방앗간, 과자점, 양복점, 양장점, 양화점 등은 간이 과세 적용 가능)

③ 도매업(소매업과 함께 영위하는 경우를 포함하되 재생용 재료 수집 및 판매업은 제외)

④ 부동산 매매업

⑤ 변호사업, 심판변론인업, 변리사업, 공인회계사업, 세무사업, 의사업, 약사업 등 그밖에 이와 유사한 사업 서비스업으로서 기획재정부령이 정하는 것

⑥ 사업자 소재 지역, 사업의 종류, 규모 등을 감안하여 국세청장이 정하는 기준에 해당하는 사업

⑦ 특별시·광역시 및 시(읍·면 지역 제외) 지역에 소재하는 부동산 임대사업으로 국세청장이 정하는 규모 이상의 사업

⑧ 특별시·광역시 및 시(광역시 및 도농 복합 형태의 시, 지역의 읍·면 지역 제외) 지역 소재 과세 유흥 장소와 국세청장이 업황·사업 규모 등을 고

려하여 정하는 지역에 소재한 과세 유흥 장소

⑨ 복식 부기 의무자가 영위하는 사업

⑩ 둘 이상의 사업장이 있는 사업자가 영위하는 사업으로서 그 둘 이상의

사업자의 공급대가의 합계액이 4,800만 원 이상인 경우

간이 과세자가 될 수 없는 기준이 있다 ✔️

① 종목기준

보통 건설, 소매, 숙박, 음식, 운수, 부동산, 통신, 서비스 등으로 나눌 수

있다. 서울특별시와 광역시 및 수도권 지역(읍·면 지역 제외)에서 골프

연습장 같은 초기 투자비용이 큰 업종, 건설업과 같은 주로 사업자와

거래하는 업종, 귀금속점과 같은 고가품·전문품 취득 업종, 피아노 및

컴퓨터 등과 같은 1회 거래가액이 큰 품목 취급 업종의 사업을 영위하

는 경우에는 간이 과세를 적용받을 수 없다. 또한 피부·비만관리업과

같은 기타 신종 호황업종도 적용을 받을 수 없다.

② 지역기준

국세청 고시에 제시된 간이 과세 배제지역으로 지정된 건물이나 장소

에서 사업을 영위하는 경우에는 간이 과세를 적용받을 수 없다.

③ 부동산임대업 기준

국세청 고시에 제시된 건물 연면적이 일정 규모 이상인 경우에는 간이

과세를 적용받을 수 없다. 제시된 건물 연면적은 지역마다 상이하다.

④ 과세 유흥 장소 기준

각 지역에 소재한 모든 과세 유흥 장소와 기타 지역 중 국세청장이 간이 과세 배제지역으로 지정한 지역에서 과세 유흥 사업을 영위하는 경우에는 간이 과세 적용을 배제한다. 국세청 고시에 따르면 거의 전 지역에 해당하지만 예외인 경우도 있다.

간이 과세 배제업종

광업
제조업(떡 방앗간, 과자점, 양복점, 양장점, 양화점 등은 간이 과세 적용 가능)
도매업(소매업을 함께 영위하는 경우를 포함하되, 재생용 재료 수집 및 판매업은 제외)
부동산 매매업, 변호사업, 심판변론인업, 변리사업, 법무사업, 공인회계사업, 세무사업, 경영지도사업, 기술지도사업, 감정평가사업, 손해사정인업, 통관업, 기술사업, 건축사업, 도선사업, 측량사업, 공인노무사업, 의사업, 약사업, 한의사업, 한약사업, 수의사업 등

종목기준 간이 과세 배제업종

서울특별시와 광역시 및 수도권 지역에서 다음 종목의 사업을 영위하는 경우	
초기 투자비용이 큰 업종	골프연습장, 주유소, 예식장, 백화점, 볼링장 등
주로 사업자와 거래하는 업종	건설업, 자료처리업, 산업폐기물 수집·처리업 등
고가품, 전문품 취급 업종	골프장비 소매업, 의료용품 소매업, 귀금속점 등
1회 거래가액이 큰 품목 취급 업종	피아노, 컴퓨터, 정수기, 가전제품 등
기타 신종 호황업종	피부·비만관리업, 음식출장 조달업 등

일반 과세자로 시작하기 ✍

　일반 과세자는 매출액의 10%의 부가 가치 세율이 적용된다. 사업과 관련해서 매입한 매입세액도 공제받을 수 있다. 매입세액이 매출세액보다 클 경우에는 환급도 받을 수 있다. 매출 발생 시에 세금계산서를 발행할 수도 있다.

　간이 과세가 배제되는 업종일 경우에는 반드시 일반 과세자로 등록해야 한다. 연간 매출액이 4,800만 원 이상이고, 초기 투자가 많아서 환급이 예상될 경우에는 반드시 일반 과세자를 선택해야 한다. 주요 거래가 사업자와의 거래일 경우, 매출 세금 계산서를 의무적으로 발행해야 하기 때문에 일반 과세자로 시작해야 한다.

개인으로 사업자 등록하기 ✍

　사업자 등록을 하는 2가지 방법이 있다. 세무서를 직접 방문해서 신청하는 방법과 국세청 홈택스를 이용해서 신청하는 방법이다. 세무서 민원봉사실에 가면 사업자 신청 서식과 작성 방법이 준비되어 있다. 신청서를 제출한 후 특별한 사항이 없으면 바로 사업자 등록증을 발급받을 수 있다. 구비 서류가 완벽하지 않으면 사업자 등록

사업자 등록 신청 서류

· 사업자 등록 신청서 1부 · 사업 허가증·등록증 또는 신고필증 사본 1부(허가를 받거나 등록 또는 신고를 해야 하는 사업의 경우) · 사업 허가(허가·신고) 신청서 사본 또는 사업 계획서 1부(허가 전에 등록하고자 하는 경우) · 임대차 계약서 사본 1	· 2인 이상 공동으로 사업을 하는 경우에는 동업계약서 등 공동 사업을 증명할 수 있는 서류(사업자 등록은 공동사업자 중 1인을 대표로 해서 신청) · 도면 1부(상가건물 임대차보호법이 적용되는 건물의 일부를 임차한 경우) · 자금 출처 명세서 1부(금지금 도소매업, 과세 유흥 장소 영위자, 연료 판매업, 재생용 재료 수집 및 판매업의 경우)

을 신청할 수 없다. 그러니 세무서 방문 전에 신분증과 구비 서류를 준비해서 가도록 하자.

홈택스를 이용하면 세무서를 방문하지 않아도 사업자 등록증을 발급받을 수 있다. 이때 사업의 유형, 업태, 종목 등 정확하게 알아야 사업자 등록을 실수 없이 할 수 있다. 사업에 대해 잘 모른다면 전문가와 상담을 하거나 세무서를 직접 방문해서 신청하는 것이 좋다.

홈택스 사업자 등록 절차

홈택스 공인인증증서 로그인→신청/제출→사업자 등록 신청/정정 등→사업자 등록 신청(개인) 바로가기→제출서류 준비(제출서류는 미리 스캐너 등을 이용해서 이미지 파일로 준비)→사업자 등록 신청(개인) 기재사항 입력→사업자 등록증 발급

인·허가를 받아야 하는 업종이 있다 ✍

사업자 등록 전 관할 관청으로부터 인·허가를 받아야 하는 업종

이 있다. 다음과 같은 관할관청의 허가, 신고, 등록 대상 업종인 경우에는 사업자 등록 신청 전에 해당 관청으로부터 허가(신고, 등록)증을 교부받아야 한다.

병의원·음식점·학원 등은 허가, 신고 또는 등록을 해야 하는 업종으로 사업자 등록 신청 시 허가증 사본을 제출해야 사업자 등록을 할 수 있다. 단, 허가(신고, 등록) 전에 사업자 신청을 하는 경우에는 관할 관청에 제출한 신청서 사본 또는 사업 계획서를 제출하고 추후 승인 후 허가증 사본을 제출하면 된다. 사업자 신청 전에 인·허가 대상인지를 미리 확인해야 한다.

허가·신고, 등록 대상 여부 확인

기업지원플러스 G4B 홈페이지(www.g4b.go.kr:441/) → 사업내용 일괄변경 → 업종별 인허가 민원행정 안내 → 바로가기 클릭 → 인허가 찾기

세금을 납부하는 6가지 방법 ✍

세금을 납부하는 방법은 여러 가지다. 예전에는 사업자가 금융기관이나 우체국에 직접 방문해서 납부하기도 했다. 그러나 요즘은 컴퓨터나 휴대폰으로도 납부가 가능하다.

세금 납부에는 기한이 있다. 납부 기한을 놓치면 굳이 안 내도 되

1일 마스터! 성공 창업을 위한 실전 세무

는 가산세를 납부해야 한다. 그러니 나에게 맞는 편리한 세금 납부로 시간과 노력을 줄일 수 있다. 금융기관을 직접 방문해서 납부하지 않고서도 세금을 납부할 수 있는 여러 가지 방법이 있다.

홈택스로 전자 납부하기 ✔

① 홈택스 홈페이지에 접속하기→공인인증서로 로그인→신고납부→국세 납부(본인 명 의의 계좌 필요)→자진 납부(전자신고를 한 경우에는 '납부할 세액 조회납부'를 선택)→납부하기→결정 구분→세목→사업자 등록번호(주민등록번호) 입력→관할 세무서→납부확인→국세 전자 납부확인서 출력

② 홈택스에서 전자 신고한 경우 : '납부할 세액 조회납부' 선택 후 납부내역 확인

③ 세무서에 서면 신고한 경우 : '자진 납부' 선택 후 납부내역 직접 입력

④ 결정 구분

 1) 확정분자납 : 확정된 세금을 자진 납부

 2) 수시분자납 : 수시 납부할 세금을 자진 납부

 3) 예정신고자납 : 예정 신고한 세금을 자진 납부

 4) 원천분자납 : 원천 징수한 세금을 자진 납부

⑤ 이용 시간(금융결제원 지로시스템과 동일)

1) 00:30~23:30: 기업, 수협, 농협은행, 농협중앙회, 신한, KEB하나, SC

 제일, 대구, 부산, 광주, 제주, 전북, 경남, 새마을, 산림조합, 한국씨티

2) 07:00~23:30: 산업, 국민, 우리, 우체국, 신협, 상호저축

인터넷·ARS·ATM 납부하기 ✔️

인터넷·ARS·ATM으로 세금을 납부하기 위해서는 세금 납부서를 준비해야 한다. 세금 신고 후 납부서를 출력하거나 세무사 사무실에 요청하면 된다. 세금 납부서를 준비하는 방법은 아래와 같다.

① 인터넷 납부

거래은행 사이트 접속→공인인증서 로그인→공과금→국세→자진 납부→결정 구분→세목→사업자 등록번호(주민등록번호)입력→관할 세무서→납부확인→국세 전자 납부확인서 출력

② ARS 납부

거래은행에 전화한 후 '국세 납부' 선택(이하 인터넷과 동일)

③ ATM 납부

거래은행의 창구에 설치된 자동입출금기를 이용해서 계좌이체·신용카드로 납부할 수 있다. 우리·신한·국민·기업·경남·광주·수협·농협 등에서 납부가 가능하다. 이때 신용카드로 납부하는 경우에는 0.8% 납부 대행 수수료(체크카드 0.5%)가 발생한다.

신용카드 납부(금액 한도 없음) ✔

신용카드로도 세금을 납부할 수 있다. 모든 국세는 신용카드(포인트 포함), 직불카드 등을 이용해서 납부할 수 있다. 카드로 세금을 납부하는 것이기 때문에 카드수수료가 발생한다. 신용카드 납부 대행 수수료는 납부 세액의 0.8%(체크카드는 0.5%) 이다. 신용카드 국세 납부 홈페이지 '카드로택스(www.cardrotax.kr)'에 접속하여 세금을 납부할 수 있다.

신용카드 납부 이용법

국세→자진 납부→공인인증서 로그인→결정 구분→세목→사업자 등록번호(주민등록번호) 입력→관할 세무서→결제 수단 신용카드 선택→신용카드번호 입력→납부확인→국세 전자 납부 확인서 출력

모바일 납부 ✔

모바일 납부는 스마트폰을 이용하는 방법이다. 스마트폰으로 PC가 할 수 있는 대부분의 기능을 할 수 있기에 가능해졌다.

모바일 납부 이용법

모바일 홈택스에 접속→공인인증서로 로그인→신고납부→국세 납부→자진 납부→납부하기→결정 구분→세목→사업자 등록번호(주민등록번호) 입력→관할 세무서→납부확인 →국세 전자 납부확인서 출력

국세계좌 및 가상계좌 납부 ✔

국세청에서는 납세자의 세금납부 편의를 위해 가상계좌를 통해 세금을 납부할 수 있도록 했다. 이용 가능한 가상계좌는 5개 은행(국민, 기업, 신한,

우리, 하나)에서 제공하며, 가상계좌 개설 은행이 아닌 타 은행에서 가상

계좌로 세금을 납부하는 경우 이체수수료가 발생한다.

납부고지서에는 5개의 가상계좌 외에 국세계좌도 기재되어 있다. 국세계

좌의 경우에는 모든 금융기관에서 이체 수수료 없이 세금을 납부할 수 있

다. 가상계좌 개설 은행이 아니라 이체 수수료가 발생한다면 국세계좌 납

부로 이체 수수료를 줄일 수 있다.

가상계좌와 국세계좌는 세금 납부고지서에 기재되어 있고, 자진 납부서의

납부 기한까지만 납부할 수 있다.

국세계좌 및 가상계좌 이용법

은행사이트 접속→이체→입금은행 또는 국세 선택→납부고지서의 국세계좌(전자납부번호)
및 가상계좌 입력→이체

금융기관 및 우체국에 직접 납부 ✔

신고 후 납부고지서를 출력해서 금융기관을 방문한다. 창구에서 납부하거

나 납부고지서에 기재된 국세계좌 및 가상계좌로 이체할 수도 있다.

세금포인트로 세금을 늦게 낼 수 있다 ✍

사업을 하다 보면 자금 사정이 어려워져서 세금을 납부하기가

어려운 상황이 생길 수 있다. 이 경우에 사업자는 '징수유예' 및 '납부 기한 연장'을 신청하면 된다. 국세청에서는 납세담보로 '납세보증보험증권' 혹은 '담보제공'을 요구한다. 이때 세금포인트로 납세담보를 대체할 수 있다. 예를 들어, 세금포인트가 30점이 있다면 300만 원의 세금 납부를 최대 9개월까지 늦출 수 있다.

국세청에서는 성실한 납세자에게 납부한 세액에 따라 세금포인트를 부여한다. 자진 납부 세액에는 10만 원당 1점(개인·법인)의 세금포인트를 주고, 고지서가 나오는 고지납부세액에는 10만 원당 0.3점(단, 법인은 제외)의 포인트를 부여하고 있다.

신용카드의 경우 카드를 사용하면 포인트가 쌓인다. 그리고 적립된 포인트를 현금처럼 사용할 수도 있다. 이처럼 납부한 세액에 따라 '세금포인트'를 적립하고, 적립된 포인트를 사용해 '징수유예' 및 '납부 기한 연장'을 신청할 때 납세담보 제공의 면제 혜택을 받을 수 있는 제도이다.

2020년 4월 9일부터 세금포인트 최소 사용 기준이 완화되어 개인과 법인 모두 1점 이상만 있어도 사용할 수 있다.

세금포인트 사용하기 ❤️

세금포인트를 납세담보로 대체하기 위해서는 아래의 4가지 요건이 충족되어야 한다.

① 신청일 현재 체납액이 없음

② 개인 : 최근 2년간 체납 사실 여부를 고려

　　법인 : 최근 2년간 체납 발생 사실이 없음

③ 조세일실의 우려가 없다고 인정을 받아야 함

④ 납기연장, 징수유예 승인조건을 충족해야 함

세금포인트에는 사용기한이 없으므로 언제든지 사용할 수 있다. 가끔은 세금포인트를 조회해서 적시에 사용할 수 있어야 한다.

TIP. 세금포인트, 어디서 조회할까?

세금포인트 조회는 국세청 홈택스를 이용하거나 신분증을 지참한 뒤 가까운 세무서 민원실에서 확인할 수 있다

현금 영수증 의무발행업종 20% 가산세를 낼 수 있다 ✍

2018년에 현금 영수증 미발급 등으로 부과된 과태료는 약 59억 8,600만 원이다. 현금 영수증 발급의무 과태료는 대부분 소비자 신고에 의해 이루어진다. 소비자가 미발급 신고를 소득세 신고가 지난 이

후에 한다면 단순히 현금 영수증 미발급으로 인한 과태료만 납부하는 것이 아니라, 현금 영수증 미발급 금액에 대한 부가가치세와 매출 누락으로 인한 소득세도 추가로 납부해야 한다. 그리고 각종 신고·납부 불이행으로 인한 가산세까지 부담해야 한다.

현금으로 받은 금액뿐만 아니라 통장으로 입금받은 금액도 현금 영수증 의무발급 대상에 포함된다. 현금 영수증 의무발행업종에 해당한다면 100% 현금 영수증을 발행해서 미발급으로 인해 세금을 납부하는 일이 없도록 해야 한다.

현금 영수증과 관련해서 현금 영수증 발급 의무가 있는 소비자 상대 업종과 현금 영수증 의무발행업종 2가지로 나뉜다.

소비자 상대 업종으로 재화·용역을 공급하고 그 상대방이 대금을 현금으로 지급한 후 현금 영수증 발급을 요청하는 경우, 사업자는 현금을 받은 날로부터 5일 이내 현금 영수증을 발급해야 한다. 소비자의 요구에도 발급하지 않거나 사실과 다르게 발급한 경우 미발급 금액의 5%의 가산세를 부담해야 한다.

현금 영수증 의무발행업종 사업자가 건당 거래금액(부가가치세 포함)이 10만 원 이상인 재화 또는 용역을 공급하고, 그 대금을 현금으로 받은 경우에는 소비자가 발급을 요청하지 않더라도 반드시 현금 영수증을 발급해야 한다.

현금 영수증을 미발급한 경우, 미발급 금액의 20% 가산세가 부과된다. 의무발행업종 사업자는 현금 영수증 가맹점에 가입하지 않은 경우에도 현금 영수증 미발급에 따른 과태료 부과 대상에 해당한다.

소비자가 현금 영수증 발급을 원하지 않거나 소비자의 인적사항을 모르는 경우에도 현금을 받은 날부터 5일 이내에 국세청 지정 코드(010-000-1234)로 자진 발급해야 한다.

사업용 계좌 신고를 하지 않으면 가산세를 내야 한다 ✍

사업용 계좌 신고를 하지 않으면 종합 소득세 신고 시에 가산세를 납부해야 한다. 복식 부기 의무자로 과세 기간 개시일부터 6개월(6월 30일까지) 이내에 사업용 계좌를 개설하고 사업장 관할 세무서장에게 신고해야 한다.

가끔 신고를 하지 못해서 가산세를 납부하는 경우가 있다. 이때 사업용 계좌를 사용하지 않은 금액의 0.2%에 해당하는 금액이 가산세로 부과된다. 사업용 계좌를 신고하지 않았을 경우에는 수입 금액의 0.2%와 미사용 금액의 0.2% 중 큰 금액을 가산세로 납부해야 한다.

1일 마스터! 성공 창업을 위한 실전 세무

미신고 가산세 계산 ✔️

미신고 기간의 수입 금액×0.2%

또는 사업용 계좌 사용대상 금액의 합계액×0.2% 이 중 더 큰 금액을

미신고 가산세로 납부하게 된다.

> ※ 수입 금액 = 해당 과세 기간의 수입 금액×미신고 기간/365
> (윤년의 경우 366)
> 미신고 기간 = 과세 기간 중 사업용 계좌를 신고하지 아니한 기간

노란우산공제로 세금 줄이기 ✍️

"노란우산공제에 가입하면 세금도 줄이면서 높은 이자로 저축도 하고, 사업이 망해도 압류되지 않는다는데 정말인가요?"

"납입금액도 월 5만 원에서 100만 원까지, 사정에 따라 자유롭게 변경이 가능하고 납부 연체가 없는 경우에는 대출도 가능하다고 하는데 사실인가요?"

이런 질문을 하는 사업자가 많다. 질문에 대한 답은 '사실'이다.

절세라는 하나의 목적만으로 무조건 가입하기보다는, '노란우산 공제 제도'에 대한 전반적인 이해를 통해 제도의 혜택을 적극적으로 활용하는 것이 좋다.

노란우산공제는 소기업·소상공인이 폐업이나 노령 등에 따른 생계위험으로부터 생활 안정을 기하고, 사업재기의 기회를 제공하기 위해 사회안전망 구축의 일환으로 도입되었다. 채권자의 압류로부터 소기업 · 소상공인을 안전하게 보호하고, 연간 최대 500만 원 소득 공제가 가능하다. 납입원금 전액이 적립되고, 일시금 또는 분할금의 형태로 목돈을 돌려받을 수 있다. 상해로 인한 사망 및 후유장해 발생 시 2년간 최고 월 부금액의 150배까지 보험금이 지급된다.

소득 공제 절세효과 ✍

노란우산공제 중도해지 시의 불이익 ✔

노란우산공제는 소상공인의 생활 안정과 사업 재기를 위해 중소기업협동조합법 제115조 규정에 따라 운영되는 공적 제도로, 많은 소상공인들이 가입하고 있다. 연간 최대 500만 원 소득 공제를 통한 절세와 높은 이자로 저축도 할 수 있다. 그러나 공제금의 지급사유는 폐업 또는 가입자의 사망, 10년 만기가 되어야 돌려받을 수 있다.

이외의 사유로 중도해지 시에는 불이익이 있다. 공제금 지급사유가 아닌 임의해지 시 납입원금 손실이 발생할 수 있고, 이미 받은 소득 공제 금액 및 이자에 대해 기타 소득세(16.5% 지방세 포함)가 과

소득 금액 구간별 소득 공제 한도 차등 적용(2017년 납입부금부터)

구분	사업(또는 근로) 소득 금액	최대 소득 공제 한도	예상세율	최대 절세효과
개인·법인	4천만 원 이하	500만 원	6.6%~ 16.5%	330,000원~ 825,000원
개인	4천만 원 초과 1억 원 이하	300만 원	16.5%~ 38.5%	495,000원~ 1,155,000원
법인	4천만 원 초과 5천 675만 원 이하	300만 원	16.5%~ 38.5%	495,000원~ 1,155,000원
개인	1억 원 초과	200만 원	38.5%~ 46.2%	770,000원~ 924,000원

※ 위 표에서는 노란우산 소득 공제만을 받았을 경우의 예상 절세효과 금액입니다.

※ 2018년 종합 소득세율(지방 소득세 포함)적용 시 절세효과이며, 세법 제 · 개정에 따라 변경될 수 있습니다.

※ 법인대표자(2016.01.01 이후 가입)는 총급여액 7천만 원(근로 소득 금액 5,675만 원) 초과 시 소득 공제를 받을 수 없습니다.

 * 2015년 12월 31일 이전 가입자는 종합 소득 금액을 한도로 소득 공제 받으실 수 있습니다.

※ 개정세법

- 조세특례제한법(법률 제 14390호, 2016.12.20 일부 개정)제86조의 3 제1항, 부칙 제23조

출처 : 중소기업중앙회

세된다. 회사 사정이 어려워져서 부금납부가 어려울 경우에는 해지보다는 대출, 경영 악화를 사유로 납부유예, 월 부금액 조정 등을 활용해서 해지로 인한 불이익을 줄여야 한다.

노란우산공제는 업종별 연평균 매출액 10억~120억 원 이하의 소기업·소상공인이 가입할 수 있다.

업종별 15년말 연평균 매출액

업종	연평균 매출액
제조업(의료용 물질, 의약품 등 15개)	120억 원 이하
전기, 가스, 수도 사업	
제조업(펄프, 종이, 종이제품 등 9개), 광업, 건설업, 운수업	80억 원 이하
농업, 임업 및 어업, 금융, 보험업	
출판·영상·정보서비스	50억 원 이하
도·소매업	
전문·과학·기술서비스, 사업서비스	30억 원 이하
하수·폐기물처리업, 예술·스포츠·여가서비스, 부동산임대업	
보건, 사회복지서비스	10억 원 이하
개인서비스업, 교육서비스업, 숙박·음식점업	

출처:중소기업중앙회

가입제한 업종

주점업	일반 유흥 주점업	한국표준산업분류 56211
	무도 유흥 주점업	한국표준산업분류 56211
	식품위생법시행령 제21조에 따른 단란 주점업	
무도장 운영업		한국표준산업분류 91291
도박장 운영업		한국표준산업분류 91249
의료행위 아닌 안마업		한국표준산업분류 96122

출처:중소기업중앙회

어떤 사업자가 '상가건물 임대차보호법'

적용을 받을 수 있을까? ✍

상가건물 임대차보호법은 임대인의 과도한 임대료 인상 금지와

임차인의 권리를 보장하기 위해 만든 법으로, 모든 사업자에게 해

당되는 것은 아니다. 영업용 건물에 일정한 보증금이나 월세를 기준으로 계산된 환산 보증금액에 의해 적용대상이 구분된다.

상가건물 임대차보호법이 적용되는 환산 보증금은 지역별로 다르다. 만약 해당된다면 적극적으로 신청하기를 바란다. 사업자 등록 신청과 동시에 간편하게 신청할 수 있다. 혹시 모를 경매 등으로 인해 보증금을 돌려받지 못하는 일이 없기를 바란다.

환산 보증금은 보증금에 월세 환산액(월세×100)을 더한 금액으로, 상가건물 임대차보호법이 적용대상을 정하는 기준이 된다.

예를 들어 서울 지역에 2020년 보증금 2억 원, 월세 500만 원으로 계약 시, 환산 보증금은 '2억 원+5억 원(월세 500만 원×100)', 즉 7억 원으로 상가건물 임대차보호법의 적용을 받게 된다.

상가건물 임대차보호법 개정 후 지역별 보증금 상한액

지역	기존	개정(19.4.2~)
서울	6억 1천만 원	9억 원
부산, 과밀억제권역 (인천, 고양, 성남, 광명 남양주, 수원 등)	5억 원	6억 9천만 원
광역시(부산 등 제외) 세종, 파주, 화성, 안산 용인, 김포, 광주	3억 9천만 원	5억 4천만 원
그 밖의 지역	2억 7천만 원	3억 7천만 원

출처 : 법무부

우선변제권 제5조 2항	상기건물의 경매 등으로 임대차 관계가 소멸될 경우 임차보증금을 후순위권리자나 그 밖의 채권자보다 먼저 받을 수 있는 권리
임대료인상률 상한 제한 제11조	상가임대차 계약 당시의 임차료 및 보증금이 경제사정 등의 변동으로 인하여 인상할 필요성이 있는 경우, 청구 당시의 차임 또는 보증금의 100분의 5의 금액(5%)을 넘지 않는 범위 내에서 인상 가능
묵시적 갱신 제10조 4항	임대차기간이 만료되기 6개월 전부터 1개월 전까지 임대인의 갱신 거 절 또는 조건 변경의 통지를 하지 아니한 경우에는 그 기간이 만료된 때에 전 임대차와 동일한 조건으로 다시 임대차한 것으로 보며, 임대차의 존속기간은 1년으로 봄
임차권등기 명령제도 제6조	임대차기간이 만료되었음에도 보증금을 돌려받지 못한 임차인은 임차건물 소재지 관할 법원에 임차권등기명령을 신청할 수 있으며, 임차권등기명령에 따라 임차권등기가 되면, 임차인이 상가를 비우더 라도 대항력과 우선변제권이 유지됨

출처 : 법무부

세금은 기본 중의 기본이다

개인 사업자가 좋을까, 법인 사업자가 좋을까? ✍️

"개인 사업자와 법인 사업자 중에 어떤 것을 선택해야 좋을까요?"

창업을 준비하는 사업자들이 자주 하는 질문이다. 사업을 시작할 때는 규모가 크지 않아 개인 사업자로 시작하는 경우가 많다. 그러다가 매출액이 늘고 이익이 많아져서 세금 부담이 커지면 법인 전환을 고민한다.

개인과 법인의 가장 큰 차이점은 세율에 있다. 많은 사업자들이 개인으로 시작해서 법인으로 전환한다. 처음부터 법인으로 창업을 하는 것이 유리한 경우도 있다. 따라서 개인과 법인의 장단점을 잘 살펴본 후 선택해야 한다.

개인·법인·과세·면세, 어떻게 구분할까? ✍

    사업자는 사업 형태에 따라 개인 사업자와 법인 사업자로 구분된다. 개인 사업자는 개인이 사업의 주체가 되고, 사업에서 발생된 소득은 개인에게 귀속된다. 법인 사업자는 법인이 사업의 주체가 된다. 법인의 모든 소득과 부채는 대표이사 개인의 것이 아닌 법인에 귀속된다.

    과세 사업과 면세 사업은 부가가치세 과세 여부에 따라 나뉜다. 과세 사업자는 면세 사업자를 제외한 모든 사업자를 말하며 부가가치세 납부의무가 있다. 면세 사업자는 부가가치세가 면제되는 재화 · 용역을 공급하는 사업자로 부가가치세 납세의무가 없다.

    부가가치세가 과세되는 과세 사업자 중에서 매출액에 따라 일반 과세자와 간이 과세자로 구분된다. 일반 과세자는 간이 과세자를 제외한 모든 개인 과세 사업자를 말한다. 간이 과세자는 연간 매출액이 4,800만 원 미만의 영세 개인 사업자가 해당된다.

사업자 구분

사업 형태	부가가치세 과세 여부	연간 매출액
개인 사업자	과세 사업자	일반 과세자
		간이 과세자
	면세 사업자	
법인 사업자	과세 사업자	
	면세 사업자	

법인 사업자의 장점에는 어떤 것이 있을까? ✍

개인 사업자에 비해 세율이 낮다 ✔

개인 사업자의 소득세는 과세표준 구간에 따라 6~42%의 세율이 적용된다. 법인세는 10~25%의 세율이 적용된다. IT관련 종사자, 프리랜서 등 1인 창업이 증가하고 있다. 개인 사업자일 때 대표자의 급여는 필요 경비로 인정되지 않는다. 필요 경비로 공제받을 수 있는 항목들이 많지 않아 법인에 비해 높은 세율로 많은 세금을 부담하게 된다. 반대로 법인의 경우, 많게는 50% 이상 세금을 줄일 수도 있다.

사업자는 각각의 매출액과 손익을 예측하고 있다. 상담을 하다 보면 절대적으로 수익성이 높아서 처음부터 법인을 선택해야 하는 경우도 있다.

투자유치를 쉽게 할 수 있다 ✔

개인 사업자의 경우, 창업자 한 사람의 자본조달에 의존해야 한다. 대규모 자금이 소유되는 사업인 경우에는 한계가 있다. 법인의 경우, 주주를 통해 자금을 조달하기가 용이하다. 새로운 주식을 투자자에게 발행하는 유상증자를 통해 투자를 유치할 수 있다. 법인 기업은 개인에 비해 경영의 투명성이 높다. 투자자 입장에서는 개인 사업자에게 투자하는 것보다는 법인에게 투자하는 것을 선호한다.

회사의 신용도가 높아진다 ✔️

법인은 주주나 임원이 회사의 자금을 마음대로 사용할 수 없다. 법인의 자금은 법인의 사업과 관련된 부분에 대해서만 사용할 수 있다. 법인의 대표이사가 법인자금을 개인적인 용도로 사용했을 경우, 세법상 여러 가지 불이익을 받는다. 이 경우 세법에서는 회사가 그 금액만큼 대표이사에게 급여를 준 것으로 봐서 대표이사에게 근로 소득세를 과세한다. 주주가 가져간 경우에는 배당으로 봐서 그 주주에게 배당 소득세를 과세한다. 법인자금이 적법하고 투명하게 관리되기 때문에 회사의 신용도가 개인보다 높아진다.

법인으로 사업자 등록하기 ✍️

개인 사업자는 대부분 신청서와 임대차 계약서만 있으면 사업자 등록을 낼 수 있다. 그러나 법인 사업자는 법인설립을 먼저 완료해야 한다. 신청은 필요서류만 준비되면 크게 어렵지 않다. 법인은 법인설립이 더 중요하다. 자본금을 얼마로 할 것인지, 주주와 지분 비율을 어떻게 할 것인지, 대표이사 등 임원을 누구로 해야 하는지 등 설립 전에 준비해야 할 사항이 많다. 회사의 현재 상황과 미래 계획에 맞추어서 전문가와 협의해서 결정하는 것이 바람직하다.

법인설립 등기가 완료되면 법인설립 신고서 및 사업자 등록 신청서를 구비서류와 함께 관할 세무서에 제출한다. 법인은 사업장마다 사업 개시일부터 20일 이내 사업자 등록을 해야 한다.

법인 사업자 신청 제출서류 ✔

① 법인설립 신고서 및 사업자 등록 신청서

② 정관 1부

③ 임대차 계약서 사본 1부(사업장을 임차한 경우만 해당함)

④ '상가건물 임대차보호법'의 적용을 받는 상가건물의 일부를 임차한 경우에는 해당 부분의 도면 1부

⑤ 주주 또는 출자자명세서 1부

⑥ 사업허가·등록·신고필증 사본(해당 법인만 해당함) 또는 설립허가증 사본(비영리법인만 해당함) 1부

⑦ 현물출자명세서 1부(현물출자법인의 경우만 해당함)

⑧ 자금출처소명서 1부(2008년 7월부터 금지금 도·소매업 및 과세 유흥장소에의 영업을 영위하려는 경우에만 해당함)

⑨ 본점 등의 등기에 관한 서류 1부(외국 법인만 해당함)

⑩ 국내사업장의 사업 영위 내용을 입증할 수 있는 서류 1부(외국 법인만 해당하며 담당 공무원 확인 사항에 의하여 확인할 수 없는 경우만 해당함)

법인 전환은 언제 해야 할까? ✍

사업자의 경우 처음부터 법인으로 사업을 시작하는 경우도 있지만 개인 사업자에서 법인 사업자로 전환하는 방법도 있다. 최근에는 법인설립 시 자본금 규정이 완화되어 법인 사업자로 사업을 개시하는 사업자가 많아졌다.

10년간 개인 사업자로 사업을 운영하다가 '언제 법인으로 전환해야 절세할 수 있는지'를 문의하는 사장님이 있었다. 연간 매출액이 20억 원이었고, 당기순이익이 2억 원 정도였다.

개인 사업자에서 법인 사업자로 전환하는 이유는 첫째, 세금을 줄이기 위해서 둘째, 성실 신고 대상자 선정으로 과세 당국의 중점 관리를 피하기 위해서 셋째, 자금조달을 원활하게 하기 위해서 넷째, 마케팅 등 영업상의 목적 때문이다.

법인 전환의 목적에 따라 법인 전환 시점을 고려해야 한다. 세금을 줄이기 위해서라면 지체 없이 진행해야 하며, 성실 신고 대상자 선정을 피하기 위해서라면 당기 매출액 등을 고려해서 전환 시점을 정한다.

1일 마스터! 성공 창업을 위한 실전 세무

법인 전환은 어떻게 해야 할까? ✍️

사업용 부동산이 있는 경우에는 조세특례제한법에 의한 '사업 포괄 양수도 방법'으로 전환하거나 현물출자 방법을 통한 법인 전환을 해야 한다. 그러나 사업용 부동산이 없다면, 개인 사업자를 운영하다가 기존 사업을 포괄적으로 양수도하는 '일반 포괄 양수도 방식'을 통해 법인 전환하면 된다.

일반 포괄 양도 방식에 의해 법인 전환을 하면 기존 개인 사업자의 상호와 직원, 사업 내용을 법인에서 승계받게 된다.

그리고 개인 사업자의 폐업 전 자산, 부채를 확정하여 양수도 금액을 정하고, 법인을 먼저 설립한 후 양수도 계약서를 체결한 다음 개인 사업자는 폐업하면 된다.

개인의 부채 중 거래처에 관련한 매입 채무와 금융기관의 금융채무도 승계 대상에 포함된다. 개인 사업자로 대출이 있을 경우 해당 금융기관에 법인 전환 사실을 사전에 알려야 한다. 기존 개인의 대출금을 법인에서 승계 받을 수 있는지 사전 협의가 필요하다. 대부분의 경우 법인으로 승계가 된다. 그러나 법인으로 승계가 안 될 경우 개인에서 상환해야 하는 어려움을 겪을 수도 있다.

신규 법인설립 → 개인 양수도 금액 확정 → 법인·개인 포괄 양수도 계약 체결 → 개인 사업자 폐업(법인 전환 폐업) → 법인 전환 안내문 발송

1인 법인 사업자가 절세다 ✍

사업자 등록을 내지 않고 일한 대가를 받을 때 3.3%를 세금으로 떼는 프리랜서가 있다. 프리랜서는 공통적인 특징이 있다. 대부분 전문적인 용역을 제공하고 그 대가를 받는다는 점이다. 전문적인 지식을 제공하는 것이기에 필요 경비가 많이 발생하지 않는다. 따라서 소득 금액이 커서 소득세를 많이 납부한다.

5월은 종합 소득세 신고 기간이다. IT업계에 종사하는 프리랜서가 사무실로 방문했다. 1년간 소득 금액이 1억 원 정도인데 소득세가 얼마나 나올지 걱정이 된다고 찾은 것이었다. 개인 사업자의 경우 다른 소득이 없다면 대략 소득세로 2천만 원 정도가 나온다. 소득세뿐만 아니라 국민연금, 건강 보험도 추가로 납부하게 된다.

이 경우 1인 법인 사업자로 사업자 등록을 하고 대표자 급여로 처리하면 세금을 적어도 1천만 원 정도 줄일 수 있다. 세금이 달라지는 이유는 소득세 계산 구조와 근로 소득세 계산 구조가 다르기 때문이

다. 납세자가 가지고 있는 여러 가지 상황에 따라서 유리한 세금을 선택할 수 있다.

때문에 고소득 프리랜서의 경우 사전에 나에게 맞는 사업자 유형을 선택한다면 세금을 줄일 수 있다. 미리 준비해서 5월 소득세 신고까지 기다리는 일은 없어야 한다.

자본금을 가짜로 납입하면 처벌을 받는다 ✍

"법인 자본금을 얼마로 해야 하나요?"

"자본금을 실제로 납입을 해야 하나요?"

"자본금이 없는데 법인설립을 할 수 있는 방법은 없나요?"

이 질문들은 법인을 신규로 설립할 때 대표자들이 많이 물어보는 질문이다.

상법 개정으로 자본금 제한이 없다. 최소 자본금 100원으로도 법인을 설립할 수 있다. 물론 인허가 업종은 최소 자본금 규정이 있다. 인허가 업종이 아니라면 자본금을 실제로 납입할 수 있는 정도로 하는 것이 바람직하다.

법인을 설립하려면 자본금을 납입해야 한다. 자본금이 결정되면 은행에 잔고 확인을 받아 법인설립 시 필요서류로 제출하게 된다. 정상적인 자본금은 자기자본으로 입금을 해야 하나, 자본금 가공납입은 자본금을 납입하지 못해 외부로부터 차입하여 납입하고, 법인이 설립된 후 납입금액을 인출해 차입금을 상환하게 된다.

타인의 자금을 빌려서 법인을 설립하면 시작부터 자금이 인출이 되어 회사가 부실화되고, 세무상으로는 주주에게 무상으로 빌려준 것으로 보아 법인세와 소득세가 과세된다. 또한, 상법에서는 자본금의 가장 납입 사실이 밝혀질 경우 5년 이하의 징역 또는 1천 500만 원 이하의 벌금에 처하도록 하고 있다.

자본금은 주주가 법인을 설립할 때 자신의 돈으로 납입을 해야 한다. 자본금 가공납입으로 세무상 불이익이 발생하지 않도록 주의해야 한다.

법인 자본금, 얼마로 해야 할까? ✍️

법인을 설립하면서 자본금을 얼마로 해야 적당한지 궁금해 하는 사업자가 많다. 자본금은 법인이 사업을 시작하면서 필요한 기초자금이다. 법인의 자본은 자기자본과 타인자본으로 구성된다. 사업을 시작하는 경우, 사업에 필요한 사업자금을 예상한다. 최소한의 사업자금은 임대료, 사무실 인테리어, 사무기기, 매출이 발생해서 정상적인 회사 경영이 시작되기 전까지의 운영경비 등이다. 법인의 자본금은 사업을 시작하기 위한 최소한의 자기자본이다.

2009년 이전 상법상 최저 자본금은 5천만 원이었다. 2009년 2월 상법이 개정되면서 상법상 최저 자본금 규정이 삭제되었다. 다만 액면주식의 최소 액면금액이 100원으로 정해져 있다. 따라서 1주에 100원으로 법인설립이 가능해졌다. 그러나 실무적으로 자본금 100원으로 법인을 설립하는 경우는 많지 않다.

법인을 설립하는 경우, 자본금을 충분히 갖고 시작하는 사업자들은 많지 않다. 법인의 자본금은 사업의 종류, 규모, 자금조달 등 여러 가지 상황을 고려하여 결정해야 한다. 법인설립 시 자본금을 100만 원으로 해서 은행 대출을 못 받았다고 하소연하는 사업자도 본 적 있다. 또한 법인 자본금이 너무 적어서 경쟁 회사와의 입찰에서 떨어지는 경우도 있다.

인허가나 면허가 필요한 건설업, 여행업, 의약품 도매상 등은 기준 자본금 규정이 있다. 만약 건설업의 경우 기준 자본금 조건을 갖추지 못하면 인허가를 받을 수 없어서 사업을 할 수 없게 된다. 인허가에 해당하는 업종인 경우 법인설립 전 전문가와 상담을 통해 기준 자본금을 확인해야 한다. 기준 자본금이 부족해서 추가로 자본금을 늘리는 번거로운 일은 없어야 할 것이다.

주주구성을 잘하면 절세할 수 있다 ✍️

법인을 설립하면서 가장 중요한 것이 바로 주주구성이다. 주주는 '주식을 가지고 직접 또는 간접으로 회사 경영에 참여하고 있는 개인이나 법인'을 말한다. 법인의 주인이 바로 주주인 것이다. 법인의 경우 주주는 반드시 1명 이상 있어야 한다. 소기업의 경우 주주구성을 쉽게 생각하는 경우가 많다.

주주를 구성할 때 가장 많이 하는 실수가 있다. 지인이나 직원 등 타인 명의로 주주를 구성하는 것이다. 실질적인 주주로 자본을 투자했다면 당연히 주식을 주어야겠지만 그렇지 않다면 절대로 해서는 안 될 일이다.

법인의 주주는 실제 회사를 운영하지는 않는다. 그러나 법인의 이익에 대해 배당을 받을 수 있는 권리가 있다. 법인설립 시 주주구성을 가족으로 하여 배당을 통해 절세할 수 있다. 배당 소득과 같은 금융 소득의 경우 현재 2천만 원 미만은 분리 과세되고 있다. 다른 근로 소득이나 사업 소득이 있어도 종합 소득세로 합산되지 않는다.

단, 법인설립 시 자본금의 규모에 따라 배우자, 자녀에 대한 증여세가 부과될 수 있다. 배우자의 경우 6억 원, 자녀의 경우 5천만 원, 미성년 자녀의 경우 2천만 원까지 증여세 공제가 가능하다. 따라서 자금의 출처를 밝히기 어렵다면 증여세 신고를 통해 적극적으로 해명하는 것이 필요하다.

주주구성, 쉽게 하면 쉽게 망한다 ✍

제조업을 10년 이상 경영하고 계시는 사장님이 찾아왔다. 최근 회사 걱정에 잠을 잘 수 없다는 것이었다. 장기간 많은 이익을 내고 있기에 경영상의 문제는 아닌 것 같았다. 문제는 바로 차명 주식이었다. 주식과 관련해서 가장 큰 문제가 바로 '차명 주식'이다. 차명 주식이란 주식의 실제 소유자와 명의자가 다른 경우를 말한다.

법인설립 시 과점주주로 시작을 하면, '법인이 세금을 체납할 경우 과점주주가 법인 세금을 연대 납부하게 된다'는 주위의 말을 듣고서 친한 선배 명의로 주식을 등재한 것이다. 사장님이 걱정하는 이유는 두 가지였다. 선배와의 사이가 예전처럼 친밀하지 않고, 선배가 운영하는 사업이 부진해서 '신용불량자가 되지 않을까' 하는 이유였다.

10년 전의 작은 회사가 자가 건물도 취득하고, 계속 성장하고 있기에 혹시라도 선배가 '차명 주식의 소유권을 주장하지 않을까' 하는 불안감이 생기기 시작한 것이다. 또한 선배가 사업 부진으로 국세 체납, 신용불량이 되었을 경우에 차명 주식에 대해 압류가 들어오면 경영권 확보가 어려워지므로 이 점이 걱정된다는 것이다.

결국 선배의 차명 주식을 빨리 환원해올 수밖에 없다. 그러나 이 경우에는 증여세, 증권 거래세, 양도 소득세, 과점주주 취득세 등 많은 것들을 고려해야 한다. 무작정 주식을 양도하면 세금 폭탄을 맞을 수도 있다. 주주구성을 쉽게 생각하고 쉽게 결정해서 세금 폭탄을 맞는 일은 없어야겠다.

주주구성을 잘못해서 예상치 못한 세금을 부담한다 ✍️

법인은 회사의 형태에 따라 주식회사·유한회사·유한책임회사·합명회사·합자회사로 구분된다. 사업사의 상황에 맞는 형태를 선택하면 된다. 국내 대부분의 법인들은 주식회사를 선택한다.

법인설립 시 법인명, 자본금, 주주, 임원, 사업의 목적, 법인 소재지 등을 미리 결정해야 한다. 상호의 경우 동일 지역에 같은 상호가 있으면 사용할 수 없다. 따라서 미리 인터넷 등기소에 접속해서 확인해봐야 한다.

법인설립 시 대표자가 가장 고민하는 것 중에 하나가 바로 주주구성이다. 누구를 주주로 할 것인지, 지분은 어떻게 배분할 것인지를 고민해야 한다. 우리나라 중소기업의 대부분은 대표자 개인 창업이다.

대표자 개인이 모든 자본을 납입하고 가족에게 또는 직원에게 주식 지분을 배분하는 경우가 많다.

임원은 임기가 있고 그 변경이 어렵지 않다. 그러나 주주변경은 간단하지 않다. 특히 업력이 많이 있는 기업의 경우 이익잉여금이 적립되어 있어서 주식 가치가 높아진다. 주주변경은 주식의 양도나 증여를 의미한다. 이 경우 주식 가치 상승으로 인한 세부담이 크게 늘어나게 된다.

주식회사의 주주는 그 주식 비율만큼의 소유권도 있지만 배당을 받을 권리도 있다. 중소기업이 성장 후에 가장 많이 고민하는 것이 기업의 승계와 잉여금에 대한 처분이다. 주주구성을 신중하게 해야 하는 이유가 여기에 있다.

이것 모르면 망한다

직원을 채용하면 해야 하는 일들 ✍

대표자 혼자 일하는 1인 기업도 있지만 대부분의 기업은 직원을 채용한다. 직원을 채용하면 꼭 해야 하는 일들이 있다. 근로 계약서를 작성해야 하고, 4대 보험도 가입해야 한다. 매월 10일에는 세무서에 급여 신고도 해야 한다.

직원을 채용함으로써 상대해야 할 국가기관의 수도 늘어난다. 기업을 운영하면 여러 국가기관의 지도·감독을 받는다. 그리고 기업을 운영하면서 얻은 소득에 대한 세금만 내면 끝나는 것이 아니다. 직원 채용 시 근로 계약서를 작성하지 않아 고용노동부로부터 법적인 책임을 받게 된다거나, 4대 보험에 가입하지 않아서 한꺼번에 엄청난 금액의 보험료를 추징당하기도 한다.

인건비는 기업의 경비를 구성하는 중요한 요소다. 인건비 신고를 국세청에 하지 않으면 경비로 인정받기 어렵다. 경비로 인정받지 못하면 이익을 증가시키기 때문에 억울한 세금을 부담하게 된다. 이처럼 직원을 채용하면 해야 할 일들이 생긴다. 직원을 채용하기 전에 미리 검토하지 않으면 여러 가지 불이익을 받을 수 있다.

다음은 직원을 채용할 때 꼭 알아야 할 사항들이다.

직원 채용 시 꼭 필요한 것 ✔

① 근로 계약서 작성

② 4대 보험 가입

③ 원천세 신고(급여 신고)

근로 계약서 미작성 시 과태료 500만 원 ✍

최근 중소기업을 경영하는 사장님들에게 새로운 고민이 생겼다. '세금'에 대한 고민이 아니라 바로 '노무'에 관련된 고민이다. 고용에 관련된 법규가 강화되면서 지켜야할 사항들이 많아졌다. 근로기준법은 근로의 권리를 보장받기 위해 꼭 필요한 법이다. 근로자를 약자로 두는 법이기에 고용주 입장에서는 꼼꼼하게 살펴야 한다.

음식점을 운영하는 한 지인에게 연락이 왔다. 퇴사한 직원이 고용노동부에 '입사할 때 근로 계약서를 작성하지 않았다'고 신고했다는 것이다.

지인의 말을 들어보니, 신고한 직원은 3개월간 근무하다 갑자기 출근하지 않아서 어쩔 수 없이 퇴사를 시키게 되었다는 것이다. 퇴사 후 얼마 지나지 않아 퇴사한 직원에게 연락이 왔다. 해고 수당 1개월 분을 달라는 것이었다. 이에 응하지 않으면 근로 계약서 미작성 사실을 고용노동부에 신고하겠다는 내용이었다.

필자는 최근 비슷한 사례를 자주 접했다. 안타깝게도 근로자가 고용노동부에 신고하면 벌금이나 과태료를 피할 수 없다. 그러니 이를 피할 방법은 직원 채용과 동시에 근로 계약서를 작성하는 길밖에 없다.

근로 계약서 작성은 고용주의 의무다. 근로 계약서를 작성하지 않았을 경우, 미작성에 대한 책임은 고용주가 100% 부담해야 하고 벌금 또는 과태료가 부과된다. 통상의 근로자의 경우에는 사용자에게 500만 원 이하의 벌금형을, 기간제 및 단시간 근로자의 경우에는 최대 240만 원 이하의 과태료를 부과 받는다.

벌금형은 형벌이다. 따라서 자칫 근로 계약서를 작성하지 않아 벌금을 부과 받으면 전과가 생기게 된다. 근로 계약서는 근로자를 위해서도 필요하지만 사업주를 위해서도 꼭 작성해야 한다.

근로 계약서 작성법 ✍

직원을 채용하면 근로 계약서를 작성해야 하는데, 이때 근로 계약서를 막힘없이 작성하는 사업주는 많지 않다. 근로 계약서의 양식이 너무나도 많아서 어떤 양식을 사용해야 할지 정확하게 알 수 없기 때문이다.

근로 계약서에는 사용자의 임금, 근로 시간, 휴일, 연차 유급 휴가 등 주요 근로 조건을 포함해야 한다. 처음 근로 계약서를 작성하는 사업주들을 위해 고용노동부에서는 표준 근로 계약서를 배포하고 있다. 고용노동부 홈페이지(www.moel.go.kr)에 표준 근로 계약서를 검색하면 쉽게 찾을 수 있다.

표준 근로 계약서는 용도에 따라 5가지로 나뉜다. 각 용도에 맞는 계약서를 선택하여 사용하자.

표준 근로 계약서 양식 5종 ✔

① 표준 근로 계약서

② 연소 근로자용 표준 근로 계약서

③ 단시간 근로자용 표준 근로 계약서

④ 건설 일용 근로자용 표준 근로 계약서

⑤ 외국인 근로자용 표준 근로 계약서

미성년자인 18세 미만의 청소년을 고용할 경우에는 각별히 주의해야 한다. 미성년자를 고용할 때에는 친권자나 후견인의 동의서가 필요하다. 이 경우에는 연소 근로자용 표준 근로 계약서를 작성해야 한다.

한 달 이내의 단기간 근무하는 경우에도 근로 계약서를 작성해야 한다. 근로 계약서 미작성으로 고발당하는 대부분의 경우가 바로, 단기간 근로자와 근로 계약서를 작성하지 않았을 때다. 근무 기간이 짧다고 근로 계약서를 작성하지 않아도 되는 것은 아니다. 근무 기간이 짧을 경우에는 단시간 근로자용 표준 근로 계약서를 작성하면 된다.

표준 근로 계약서는 가장 많이 쓰이는 계약서다. 주로 정규직 근로자와 한 달 이상의 계약직 전일제 근로자일 경우에 사용된다.

다음은 고용노동부의 '표준 근로 계약서' 작성 방법이다. 근로 계약서에서 꼭 갖추어야 할 주요 근로 조건에 대한 자세한 설명이 있어, 더 쉽게 작성할 수 있고 각각 기업에 맞게 적용할 수 있다.

1일 마스터! 성공 창업을 위한 실전 세무

표준 근로 계약서 (작성 방법)

____(이하 "사업주"라 함)과(와)____(이하 "근로자"라 함)은 다음과 같이 근로 계약을 체결한다.

1. 근로 계약 기간 :   년 월 일부터   년 월 일까지
※ 근로 계약 기간을 정하지 않는 경우에는 "근로 개시일"만 기재
☞ **노사가 협의하여 결정하는 일을 하기로 한 기간**

2. 근 무 장 소 :
☞ **일을 수행하기 위한 장소를 명기**

3. 업무의 내용 :
☞ **어떤 일을 할지에 대한 내용을 기재**

4. 소정 근로 시간 : 시 분부터 시 분까지(휴게 시간 : 시 분 ~ 시 분)
☞ **노사가 법정 근로 시간 내(하루 8시간, 주 40시간)에서 하루에 몇 시간을 일할지 정한 시간을 기재함. 휴게 시간은 4시간에 30분 이상, 8시간인 경우 1시간 이상을 주도록 소정 근로 시간 내에서 기재함**

5. 근무일/휴일 : 매주 __일(또는 매일 단위)근무, 주휴일 매주 __요일
☞ **일주일 중 어떤 날에 근무할지를 명기하며, 주 중 근무하기로 한날을 만근하였을 경우 부여하는 유급 휴일(주휴일)을 어느 요일로 할지 결정하여 명기**

6. 임 금
  - 월(일, 시간)급 : _____원
☞ **임금을 시간급으로 정할지, 주급으로 정할지, 월급으로 정할지 결정하여 그 금액 명기**
  - 상여금 : 있음( )_____원, 없음( )
☞ **상여금이 있으면 그 내용 및 금액에 대해 기재**
  - 기타급여(제수당 등) : 있음 ( ), 없음 ( )
    · _____원, _____원

· _____원, _____원
☞**가족 수당, 자격증 수당 등 지급하기로 한 수당이 있으면 해당 내용에 대해**
기재
 -임금지급일 : 매월(매주 또는 매일) ___일(휴일의 경우는 전일 지급)
☞**임금을 매월 언제 지급할 것인지에 대해 기재**
 -지급방법 : 근로자에게 직접지급( ),근로자 명의 예금통장에 입금( )
☞**임금을 계좌로 지급할 것인지 등에 대해 노사간 협의 후 기재**

7. 연차 유급 휴가
 - 연차 유급 휴가는 근로기준법에서 정하는 바에 따라 부여함
 ☞ **①1년간 홍 소정 근로일의 80%이상 출근자에게 15일 부여, 1년 초과**
매 2 년마다 1일씩 가산, 한도 25일 ② 1년 미만 또는 1년간 80% 미만
출근자에게 1개월 개근 시 1일 부여

8. 사회 보험 적용 여부(해당란에 체크)
  □ 고용 보험 □ 산재 보험 □ 국민연금 □ 건강 보험
 ☞ **사회 보험 적용에 대한 해당 내용을 기재**

9. 근로 계약서 교부
 - 사업주는 근로 계약을 체결함과 동시에 본 계약서를 사본하여 근로자의
교부 요구와 관계없이 근로자에게 교부함(근로기준법 제17조 이행)
 ☞ **근로기준법 제17조에 따라 근로 계약 체결 시 근로자에게 교부하여야 함을**
알려주는 내용

10. 기 타
 - 이 계약에 정함이 없는 사항은 근로기준법령에 의함

년   월   일

       (사업주)사업체명 :   (전화:)
        주 소 :
        대 표 자 :   (서명)

       (근로자)주소 :
        연 락 처 :
        성 명 :   (서명)

근로자 수에 따라 달라지는 근로기준법 ✍

사업장 상시 근로자 수에 따라 달라지는 것들이 있다. 바로 「근로기준법」이다. 근로기준법은 상시 근로자의 수가 5인 이상 사업장에 적용된다. 상시 근로자란 정규직, 계약직, 일용직 근로자가 포함된다. 상시 근로자의 수는 「근로기준법 시행령」 제7조의 2에 따라 법 적용 사유 발생일 전 1개월 동안 사용한 근로자의 연인원(1개월 내 사용한 근로자 수)을 같은 기간 중의 가동 일수(실제로 영업한 일수. 휴무일 및 휴일 등 영업을 하지 않은 일수는 제외)로 나누어 계산한다.

상시 근로자 수

[상시 근로자 수 계산 방법]
법 적용 사유 발생일 전 1개월 동안 사용한 근로자 연인원÷법 적용 사유 발생일 전 1개월 중 가동 일수

[근무 현황]
1주 : 월 (3명), 화 (3명), 수 (3명), 목 (3명), 금 (3명)
2주: 월 (4명), 화 (4명), 수 (4명), 목 (4명), 금 (5명)
3주: 월 (5명), 화 (5명), 수 (5명), 목 (5명), 금 (5명)
4주: 월 (6명), 화 (6명), 수 (6명), 목 (6명), 금 (6명)

1개월 가동 일수(휴일 제외): 20일
1개월 연인원(정직원, 일용직 포함): 91명

①상시 근로자 수는 4.55명=91명÷20일
②일별 근로자 5인 미만 일수: 9일(1/2 미만)

상시 근로자 수는 4.55명으로 5인 미만 사업장에 해당되나 일별 근로자 5인 미만 일수가 가동 일수 전체의 1/2에 미달하여 최종적으로는 5인 이상 사업장에 해당됨.

이 경우 상시 근로자 수는 4.55명으로 근로기준법 적용대상 사업장에 해당하지 않는다. 그러나 위의 산식에 의해 상시 근로자 수가 5인 미만에 해당하더라도 산정기간에 속하는 일별로 근로자 수가 5인 미만인 일수가 1/2 미만일 경우, 즉 산정기간에 일별 근로자 수가 5인 이상인 일수가 1/2 이상일 경우에는 5인 이상 사업장으로 본다.

위 예시의 경우, 일별 근로자 수가 5인 미만인 일수가 9일로, 총 가동 일수 20일에 1/2인 10일 미만으로 5인 미만 사업장으로 보지 않는다. 또한 위 산식에 의해 상시 근로자 수가 5인 이상에 해당하더라도, 산정기간에 속하는 일별 근로자 수가 5인 미만에 해당하는 가동 일수가 1/2 이상인 경우에는 5인 미만 사업장으로 본다.

연차 유급 휴가에 관한 상시 근로자 수를 계산함에 있어서는, 월 단위로 근로자 수를 산정한 결과 법 적용 사유 발생일 전 1년 동안 계속하여 5명 이상의 근로자를 사용하는 사업 또는 사업장이 해당된다.

회사의 상시 근로자 수가 5명 미만일 경우 해고 예고 의무와 퇴직금 지급 의무가 있다. 가끔 5인 미만 사업장일 경우 퇴직금을 안 줘도 괜찮은 줄 아는데 잘못된 내용이다. 5인 미만 사업장은 연장 수당, 야간 수당, 휴일 수당, 연차 수당, 생리 휴가 등이 적용되지 않는다. 이처럼 상시 근로자 수에 따른 근로기준법의 적용 범위가 달

1일 마스터! 성공 창업을 위한 실전 세무

라진다.

상시 근로자 수에 따른 근로기준법 적용 범위 ✔

항목	5인 미만	5인 이상	10인 이상
건강·고용·산재·국민연금	○	○	○
근로자 명부 작성	○	○	○
근로 계약서 작성	○	○	○
임금 대장 작성	○	○	○
해고 예고(수당)	○	○	○
재해보상 의무	○	○	○
퇴직금	○	○	○
최저 임금	○	○	○
연차 휴가	X	○	○
생리 휴가	X	○	○
연장·야간·휴일 근로 수당	X	○	○
휴업 수당	X	○	○
안전 보건 교육	X	○	○
취업 규칙 작성·신고	X	X	○
성희롱 예방 교육	게시·배포	게시·배포	○
장애인 인식 교육	게시·배포	게시·배포	게시·배포

중소기업에서 자주 발생하는 노무 문제 ✍️

최근 노무 문제를 정비하지 못한 중소기업에서 상담 요청이 들어오는 경우가 종종 있다. 중소기업을 상대하다 보면 세무뿐만 아니라 기업 경영과 관련된 모든 분야에 대해서 다양한 상담을 하게 된다. 간단한 노무 문제는 상담이 가능하지만 최저 임금 인상, 통상 임금 범위 확대, 휴일 근로의 연장 근로 포함 등 노무 관련 법규를 알지 못하면 상담하기 어렵다. 필자의 경우도 노무 관련 문제는 노무 법인에 위탁해서 상담을 위임하고 있다. 사업 초기 전문가를 통한 노무 제도 정비가 필요하다.

중소기업에서 자주 발생하는 노무 문제 ✔️

다음은 중소기업에서 자주 발생하는 노무 관련 문제점으로, 노무 관련 제도 정비의 중요한 항목이다.

① 근로 계약서 미작성 : 500만 원 이하의 벌금, 형사 처분

② 취업 규칙 미작성·미신고 : 500만 원 이하의 과태료, 행정 처분

③ 근로 시간 위반 : 2년 이하의 징역 또는 2천만 원 이하의 벌금, 형사 처분

④ 최저 임금 위반 : 3년 이하의 징역 또는 2천만 원 이하의 벌금,

　병과 가능, 형사 처분

⑤ 4대 보험 미가입 : 국민연금 50만 원 이하, 건강 보험 500만 원 이하,

산재 보험 및 고용 보험 각각 300만 원 이하 과태료 부과

⑥ 해고 예고 수당 미지급 : 2년 이하의 징역 또는 2천만 원 이하의 벌금

⑦ 주휴 수당 미지급 : 2년 이하의 징역 또는 1천만 원 이하의 벌금

⑧ 유급 휴일 위반 : 2년 이하의 징역 또는 1천만 원 이하의 벌금

⑨ 휴게 시간 위반 : 2년 이하의 징역 또는 1천만 원 이하의 벌금

⑩ 연장, 야간 및 휴일 근로 수당 위반 : 3년 이하의 징역 또는 2천만 원

이하의 벌금

퇴직금 지급 기준 ✍

근로자가 퇴사할 때는 퇴직금을 지급해야 한다. 퇴직금을 받기 위해서는 해당 근로자의 근로 기간이 1년 이상이어야 한다. 즉, 계속 근로 기간이 1년 미만이거나 1년 이상 근로했다고 하더라도 1주의 근로시간이 15시간이 미만이면 퇴직금을 받을 수 없다.

2010년 12월 이전에는 상시 근로자 수 5인 미만의 사업장에서는 퇴직금을 주지 않아도 됐지만, 2010년 12월부터 단계적으로 퇴직금 50%를 지급하게 되었다. 2013년 1월 1일부터는 1명 이상의 근로자를 둔 모든 사업장에서 퇴직금을 100% 지급해야 할 의무가 생겼다. 모든 고용주는 1년 이상 계속 근로한 근로자에게 퇴직금을 지급해야

한다. 계약직, 일용직, 아르바이트 등 근로 형태와 상관없이 1년 이상 계속 근로했다면 퇴직금을 지급해야 한다.

퇴직금은 근로자가 1년 이상의 기간 계속 근로를 제공하고 퇴직할 경우에, 사용자가 근로자의 근로 제공에 대한 임금 일부를 지급하지 아니하고 축적했다가 이를 기본적 재원으로 해서 근로자가 퇴직할 때 일시금으로 지급하게 된다.

또한 특별한 사유가 없는 한 퇴직금 중간 정산을 법으로 금지하고 있다. 단, 근로자의 요청으로 인해 퇴직금 중간 정산 사유에 해당되는 경우 지급할 수 있지만, 사용자 측에서 지급을 거부할 수 있다. 사용자와 근로자가 협의해서 진행해야 할 사항이지 사용자가 퇴직금 중간 정산을 반드시 지켜야 할 의무는 없다.

근로자 퇴직 급여 보장법 시행령 제3조 (퇴직금의 중간 정산 사유)

① 무주택자인 근로자가 본인 명의의 주택을 구입하는 경우

② 무주택자인 근로자가 주거를 목적으로 전세금, 보증금을 부담하는 경우(한 직장에 근로하는 동안 1회 한정)

③ 근로자가 6개월 이상 요양을 필요로 하는 질병, 부상에 대한 요양비를 부담하는 경우(환자가 본인, 배우자, 부양가족인 경우)

④ 퇴직금 중간 정산 신청하는 날부터 역산하여 5년 이내에 근로자가 파산 선고를 받은 경우

⑤ 퇴직금 중간 정산 신청하는 날부터 역산하여 5년 이내에 근로자가 개인회생 절차개시 결정을 받은 경우

⑥ 사용자가 정년을 연장, 보장하는 조건으로 임금을 줄이거나 소정 근로 시간을 변경하여 3개월 이상 근무하기로 한 경우

⑦ 그밖에 천재지변 등으로 피해를 입는 등 고용노동부 장관이 정하여 고시하는 사유와 요건에 해당하는 경우

퇴직금 계산하는 방법 ✍️

퇴직금은 근로자가 퇴사 후 14일 이내에 지급하게 되어 있다. 근로자와 협의 없이 퇴직금 지급 기한을 어기면 연 20%의 가산 이자를 근로자에게 추가로 지급해야 한다. 특별한 사정이 있어서 근로자와 협의한 경우에만 지급 기한을 연장할 수 있다. 회사의 자금 사정으로 퇴직금을 지급 기한 내에 지급하기 어렵다면, 퇴사하기 전에 근로자와 별도로 협의해야 한다.

퇴직금은 세전 급여를 기준으로 계산한다. 3개월 평균 임금의 30일분에 근속 연수를 곱해서 계산한다. 평균 임금이 통상 임금보다 적을 경우에는 통상 임금을 기준으로 계산한다.

퇴직금 계산의 기준이 되는 평균 임금이란, 퇴사 전 3개월 동안 근로자에게 지급했던 임금총액으로 각종 수당을 포함한다. 또한 퇴직일 기준으로 1년간 받은 상여금과 인센티브 금액의 1/4과 연간 지급된 연차 수당의 1/4을 포함한다.

퇴직금 계산법 ✔️

· 퇴직 급여=1일 평균 임금×30일-근속 일수/365

· 1일 평균 임금=퇴직일 이전 3개월간의 임금 총액/퇴직일 이전 3개월간

　의 총 일수

· 퇴직일 이전 3개월간의 임금 총액=3개월간의 월 급여 총액+연간 지급

된 상여금의 1/4+연간 지급된 연차 수당의 1/4

퇴직금 계산 예시

퇴직금 계산 예시

· 입사 일자: 2015년 1월 1일
· 퇴사 일자: 2020년 6월 30일
· 재직 일수: 2,007일
· 월 기본급: 250만 원
· 월 기타수당: 30만 원
· 연간 상여금: 500만 원
· 연간 연차 수당: 50만 원

① 3개월간의 월 급여 총액: (250만 원+30만 원)×3=840만 원
② 연간 지급된 상여액의 1/4: 500만 원×1/4=125만 원
③ 연간 연차 수당의 1/4: 50만 원×1/4=12만 5천 원
④ 퇴직일 이전 3개월간의 임금총액: 840만 원+125만 원+12만 5천 원=977만 5천 원
⑤ 1일 평균 임금: 977만 5천 원÷91일[30일(6월)+31일(5월)+30일(4월)]=10만 7,418원
⑥ 퇴직 급여: 10만 7,418원×30일×(2,007일÷365)=1,771만 9,487원

연차 수당 계산하는 방법 ✍

연차 수당이란 근로자가 사용하지 못한 연차 휴가에 대해 금전
적으로 보상받는 것을 말한다. 연차 수당은 통상 임금을 기준으로
계산된다. 통상 임금은 근로자에게 정기적, 일률적, 고정적으로 지
급하기로 정한 시급·주급·월급을 말한다.

통상 임금은 기본급 외에도 각종 수당을 포함한다. 그러나 연월

차 수당, 연장 근로 수당은 포함되지 않는다. 일정한 대상 기간에 제공되는 근로에 대해 1개월을 초과하는 일정 기간마다 지급되는 정기상여금은 통상 임금에 해당한다. 하지만 일시적으로 비정기적으로 지급되는 상여금, 인센티브, 격려금 등은 통상 임금에 해당하지 않는다.

연차 수당은 1일 통상 임금에 사용하지 못한 연차 일수를 곱하면 된다. 1일 통상 임금은 월 급여(세전)를 209시간으로 나누면 통상 시급이 된다. 여기에 8시간을 곱하면 1일 통상 임금이 계산된다.

연차 수당은 근로자가 연차 휴가를 미사용했을 경우에 지급한다. 그러나 주 40시간제 도입으로 사용자가 근로자에게 연차 유급 휴가 사용 촉진을 근로기준법에서 정하는 위 예시대로 실천했을 경우 연차 수당을 지급하지 않아도 된다.

연차 수당 계산 예시

<계산 방법>
· 연차 수당=1일 통상 임금×미사용 연차 일수
· 1일 통상 임금=월 급여(세전)÷209시간×8시간

<조건>
① 근로 조건: 1일 8시간, 주 5일 근무
② 미사용 연차 일수: 10일
③ 월 급여: 300만 원(각종 수당 포함, 연장 근로, 연월차 수당 제외)

<예시>
연차 수당: 114만 8,320원=11만 4,832원×10일
1일 통상 임금: 11만 4,832원=(300만 원÷209시간)×8시간

근로기준법 제61조(연차 유급 휴가의 사용 촉진)에서는 '유급 휴가의 사용을 촉진하기 위하여 다음의 조치를 하였음에도 불구하고, 근로자가 휴가를 사용하지 아니하여 연차 유급 휴가가 소멸될 경우에 사용자는 그 사용하지 아니한 휴가에 대하여 보상할 의무가 없다'고 명시하고 있다.

연차 수당을 미지급하는 경우 필요한 조취 ✔

① 사용자는 연차 휴가 사용 기간이 끝나기 6개월 전을 기준으로 10일 이내에 사용자가 근로자별로 사용하지 아니한 휴가 일수를 알려주고, 근로자가 그 사용 시기를 정하여 사용자에게 통보하도록 서면으로 촉구해야 한다.

② 상기 사용자의 촉구에도 불구하고 근로자가 촉구를 받은 때부터 10일 이내에 사용하지 아니한 휴가의 전부 또는 일부의 사용 시기를 정하여 사용자에게 통보하지 아니하면, 연차 사용 기간이 끝나기 2개월 전까지 사용자가 사용하지 아니한 휴가의 사용 시기를 정하여 근로자에게 서면으로 통보해야 한다.

퇴직금은 직원 대출금과 상계할 수 없다 ✍

근로자가 회사에 경제적으로 손해를 입혔을 경우 사용자는 흔히 퇴직금과 상계처리를 하려고 한다. 하지만 근로자가 자율적으로 손해액과 상계를 동의하지 않았을 경우에는 상계할 수 없다. 근로기준법에서는 사용자가 가지는 손해 배상 채권이나 대출 채권과 임금 채권과의 상계를 금지하고 있다.

근로기준법 제43조 제1항에서는 '임금은 통화로 근로자에게 직접 전액을 지급하여야 한다'고 명시하고 있다(임금 전액 지급 원칙). 따라서 근로자의 자발적 동의 없이 월급이나 퇴직금에서 임의로 공제할 수 없다.

근로자의 경제적 어려움을 도와주기 위해 사용자가 자금을 대여해주는 경우가 종종 있다. 대부분이 무이자의 좋은 조건으로 근로자에게 빌려준다. 그러나 근로자가 퇴사하기 전까지 상환하지 못하는 경우도 많다. 이 경우 퇴사 시점에 대출금에 대한 정산을 원활하게 해결하기란 실무적으로 쉽지가 않다. 이런 경우를 대비하여 대출 발생 시점에 대출금 잔액 정산을 지급받게 될 퇴직금과 상계할 수 있도록 사전에 약정을 해놓으면 불필요한 분쟁을 막을 수 있다.

퇴직 연금, DB형과 DC형은 무엇이 다른가? ✍

2005년 「근로자퇴직급여 보장법」 시행으로 퇴직 연금 제도가 도입되었다. 사용자가 퇴직 급여 재원을 사외(금융 기관)에 적립하여, 근로자가 퇴직 시 안전하게 퇴직 급여를 연금(또는 일시금)으로 수령할 수 있게 했다.

퇴직 연금은 확정급여형(Defined Benefit, 이하 DB형)과 확정기여형(Defined Contribution, 이하 DC형)이 있고, 사용자와 근로자가 협의하여 결정한다.

확정급여형은 사용자가 매년 부담금을 사외적립·운용하고, 근로자 퇴직 시에 퇴직금으로 지급한다. 확정기여형은 사용자가 사전에 확정된 부담금을 납입하고, 근로자가 적립금을 운용하여 적립금과 운용수익을 퇴직 시에 수령한다.

퇴직 연금 제도 비교

구분	확정급여형	확정기여형
퇴직 급여 형태	연금 또는 일시금	
급여 수준	일시금 기준으로 퇴직금과 동일	근로자의 운용 실적에 따라 변동
규약 신고	퇴직연금 규약	
사외적립금 부담 수준	퇴직금 추계액의 90% 이상	연간 임금총액의 1/12 이상
부담금 납부	사용자	
수수료 부담	운용·자산관리: 사용자 근로자 추가납입: 근로자	
적립금의 운용	사용자	근로자
연금 수령요건	55세 이상으로서 가입 기간이 10년 이상	
중도인출 (중간 정산)	불가	가능(특정한 사유일 경우*)

* 무주택자의 주택구입 및 전세금 부담, 본인·배우자·부양가족의 6개월 이상 요양 등(6개월 이상 요양을 사유로 한 중도 인출은 연간 임금총액의 125/1000를 초과하여 의료비를 부담하는 경우로 사유를 한정함)

3장

창업 후 알아두면 성공하는 세무 지식

01

대표에게 가장 중요한 세금, 부가가치세!

부가가치세 신고가 절세의 첫걸음이다 ✍️

소득세나 법인세 신고 때 사장님들이 많이 하는 질문이 있다. '어떻게 하면 소득세를 적게 낼 수 있는가'이다. 필자는 소득세나 법인세를 적게 내고 싶다면 부가가치세 신고와 원천세 신고를 잘 하면 된다고 대답해 준다. 특히 부가가치세 신고를 잘하면 절세할 수 있다. 원천세 신고는 급여 신고로서 특별한 준비가 필요하지는 않다. 급여를 지급하는 대로 신고하면 끝나기 때문이다. 그러나 부가가치세 신고는 그렇지 않다. 부가가치세 신고는 매입 자료의 형태와 내용에 따라서 매입세액으로 공제받을 수도 있고 못 받을 수도 있다.

부가가치세 신고는 매출과 매입을 확정하는 신고이기도 하다. 특히 매입은 부가가치세를 줄이는 데 직접적인 영향을 준다. 부가가치세는 매출 세액에서 매입세액을 차감한 금액이다. 부가가치세를 줄이기 위해서는 매입세액을 늘려야 한다. 매입세액을 늘리기 위해서는 사업과 관련하여 지출할 경우 매입 자료를 받아야 한다.

사업과 관련해서 지출된 매입 자료를 받더라도 세금 계산서, 신용카드, 현금 영수증 등 적격 증빙으로 받았을 경우에만 부가가치세 공제가 가능하다. 만약 부가가치세 신고 때 사업과 관련해 1천만 원을 지출했는데 매입 자료를 받지 못했다면 매입세액 공제를 받지 못하게 되어서 억울하게 부가가치세를 납부해야 한다.

또한 부가가치세 신고를 할 때 매입 자료를 받지 못하면 소득세까지 이중으로 세금을 부담한다. 부가가치세 신고가 절세의 첫걸음이라는 사실을 명심해야 한다.

사업용 신용카드 등록으로 부가가치세 줄이기 ✍

상담을 하다 보면 신규로 사업을 개시하는 초보 사장님들을 자주접한다. 사업자 등록을 하기 전에 세무 상담을 받는 준비성 강한 사장님들이 있다. 개인적으로 세무 상담은 사업을 개시하기 전에 받기를 권한다.

세무 상담을 단지 '세금을 계산하기 위한 상담'이라고 생각하는 경우가 많다. 하지만 개업 전에 세무 상담을 하면 사업자가 알아야 할 기본 세무 지식과 절세 방안을 찾을 수 있다.

신규 사업자들과 첫 세무 상담을 하면서 꼭 등록시키는 것이 있다. 바로 사업용 신용카드와 사업용 계좌 등록이다. 특히 사업용 신용카드 등록은 부가가치세와 소득세를 동시에 줄일 수 있는 최고의 방법이다.

사업용 신용카드 등록은 개인 사업자가 사업 관련 경비의 지출 용도로만 사용하는 신용카드를 국세청 홈택스에 등록하는 제도다. 사업용 신용카드로 등록하면 사용내역을 홈택스 서비스를 통해 모두 조회할 수 있다. 따라서 사업과 관련된 지출 중 신용카드로 사용한 모든 내역을 빠짐없이 챙길 수 있다. 만약 홈택스에 사업용 신용카드 등록을 하지 않았을 경우에는 각 카드사별로 부가가치세 신고에 필요한 자료를 요청받아 분류해야 하는 번거로움이 있다. 각 카드사별로 사업과 관련된 지출 항목만을 분류하는 것은 현실적으로 쉽지 않다.

홈택스에 사업용 신용카드를 등록했다면 가급적 가사 관련 경비를 사용하지 말아야 한다. 가사 관련 경비와 사업 관련 경비는 혼용할 경우, 구분하기 어렵기 때문에 사업 관련 용도로만 사용해야 한다. 사업용 신용카드 등록은 국세청 홈택스에서 본인 명의로 발급받은 신용카드를 최대 50개까지 등록할 수 있다.

영수증은 부가가치세 공제를 받을 수 없다 ✍

부가가치세 신고 기한에 의류 소매점을 운영하는 사장님이 부가 가치세 신고 대행을 맡기려고 사무실에 방문했다. 전년도에는 간이 과세자였다가 이번 연도에 일반 사업자로 유형이 변경되어서 온 것 이었다. 부가가치세 신고를 위해 사업자 등록증과 신용카드, 현금 영수증 등 매출 자료를 가져오셨는데 소매점이라 매출 세금 계산서 를 발행한 적은 없다고 했다. 매입 자료를 요청했더니 옷을 구매할 때 받았다는 간이 영수증 한 묶음을 내밀었다.

사장님의 6개월 매출액은 1억 원이었다. 매입 자료로 가져온 간 이 영수증을 모두 더해보니 7천만 원 정도 되었다. 사장님은 매출에 서 매입을 뺀 금액에 10%, 즉 300만 원 정도를 부가가치세로 납부 하면 될 거로 생각하고 온 듯했다. 안타깝게도 이 경우에는 부가가 치세로 900만 원 가까이를 세금으로 납부해야 한다.

세법상 거래를 인정받을 수 있는 증빙을 '적격 증빙'이라 한다. 적격 증빙의 종류로는 세금 계산서, 계산서, 카드 매출전표(신용카드, 체크카드, 직불카드 등), 현금 영수증 등이 있다.

특히 부가가치세 신고 시 매입세액으로 공제받기 위해서는 반드 시 적격 증빙을 받아야 한다. 위 사장님의 경우 7천만 원의 매입 자료를 적격 증빙이 아닌 간이 영수증을 받았기에 부가가치세 매입세액 공제를 받을 수 없게 되었다. 결국 부가가치세 신고 때 매입세액으로 공제받기 위해서는 꼭 적격 증빙을 받아야 한다.

폐업자와 거래하면 부가가치세 공제를 못 받는다 ✍️

8월 휴가 중에 거래처 사장님께 연락이 왔다. 휴가 중임을 알고도 급한 마음에 전화를 하셨다고 했다. 내용을 들어보니 지난해 부가가치세 신고 때 받은 매입 세금 계산서가 폐업자로부터 받은 것이라는 세무서 안내문을 받은 것이었다. 지인의 소개로 상품을 30%나 저렴하게 구입할 수 있어서 1천만 원(부가가치세 별도)어치를 구입했다는 것이었다.

폐업을 하면 재고 처리에 어려움을 겪는다. 폐업 전에 정상적으로 매출 세금 계산서를 발행해서 정리하는 경우라면 아무런 문제가 발생하지 않는다. 하지만 사업이 망해서 폐업하는 경우 세금을 내지 않으려고 정상적인 세금 계산서를 발행하지 않고 무자료나 폐업 후 매출 세금 계산서를 발행하는 경우가 종종 있다. 이 경우 폐업 후 매입 세금 계산서를 교부받은 사업자는 매입세액 공제를 받을 수 없게 된다. 또한 현금으로 대금을 지급한 경우, 경비로 인정받을 수 없어서 소득세까지 추가로 납부하게 된다.

정상가보다 30% 싸게 구입하려다가 더 많은 비용을 세금으로 지불하게 될 수도 있다. 이러한 경우 거래한 상대방이 의심스럽다면 정상 사업자인지를 확인해봐야 한다. 폐업자, 간이 과세자, 면세 사업자는 세금 계산서를 발행할 수 없다. 따라서 거래 상대방이 매입세액 공제를 받을 수 있는 사업자인지 국세청 홈택스 홈페이지를 통해 확인해봐야 한다. 첫 거래 시에 조금은 번거롭더라도 정상 사업자인지 확인해서 불이익을 받는 일이 없도록 해야 한다. 국세청 홈택스 홈페이지에서 '조회/발급→사업자 상태→사업자 등록번호로 조회'로 조회 가능하다.

음식점 부가가치세 줄이는 방법이 있다 ✍

음식점을 경영하는 사장님들과 세무 상담을 하면 '부가가치세 때문에 남는 게 없다'고 말씀하신다. 음식점의 경우 부가가치세가 공제되는 항목이 많지 않아서 부가가치세를 많이 납부한다.

각 음식점마다 취급하는 음식의 종류도 다양하고 임대료 상황도 다르기에 평균적인 부가가치세를 정확하게 계산하기는 힘들다. 다만, 그간의 경험에 의하면 매출액의 2~4%를 부가가치세로 부담하는 경우가 많다. 예를 들자면, 매출이 1억 원일 때 부가가치세로 적게는

구 분		비율 (%)	금액(원)	세액(원)	비고
매출액		100%	300,000,000	30,000,000	①매출 세액
재료비	(면세품목)	30%	90,000,000	6,666,667	②의제 매입 세액(8/108)
	(과세품목)	20%	60,000,000	6,000,000	③매입세액
	계	50%	150,000,000	12,666,667	
판매 관리비	임대료	10%	30,000,000	3,000,000	④매입세액
	전기·가스	3%	9,000,000	9,000,000	⑤매입세액
	인건비	15%	45,000,000	-	
	기타비용	10%	30,000,000	-	
	계	38%	114,000,000	39,000,000	
이 익		12%	36,000,000	3,600,000	
부가가치세		4.5%		13,433,333	⑥부가 가치세 =①-(②+③+ ④+⑤)

200만 원에서 많게는 400만 원을 납부하는 것이다.

게다가 음식점의 경우 수익률이 크지 않다. 부가가치세로 매출액의 2~4%를 부담한다는 것은 결코 적은 금액이 아니다. 어쩌면 부가가치세를 납부하고 나면 남는 게 없을 수도 있다. 부가가치세를 줄여야 하는 이유가 바로 여기에 있다.

음식점은 대부분의 매입 자료가 식재료에 관련한 것이다. 식재료를 매출 원가로 봤을 때 60%를 넘는 경우는 많지 않다.

음식점 부가가치세를 줄이는 핵심은 '재료비에 대한 매입 자료를 어떻게 받느냐'에 달려 있다. 음식점 매입 자료는 과세 매입과 면세 매입으로 구분된다. 부가가치세 신고 때 음식점을 경영하는 사장님들은 과세 매입에 해당하는 매입 세금 계산서만 중요하게 생각한다. 그러나 재료비에서 과세 매입에 해당하는 비중은 그리 많지 않다.

앞 예시의 경우처럼 재료비 중 면세 매입이 과세 매입보다 많은 경우가 대부분이다. 따라서 부가가치세를 줄이기 위해서는 면세 매입 자료를 누락 없이 챙겨서 의제 매입세액 공제를 최대한 많이 받아야 한다.

'의제 매입세액 공제'는 일반 과세자 또는 음식점업 및 제조업을 영위하는 간이 과세자가 농산물·축산물·수산물·임산물 등 부가가치세가 면제되는 원료를 구입하여 제조·가공해 부가가치세가 과세되는 재화 또는 용역을 공급하는데, 이러한 사업자의 경우 원료를 구입할 때 직접 부담한 부가가치세는 없지만 한도액 내에서 그 구입가액의 일정률에 해당하는 금액을 매입세액으로 의제하여 매출 세액에서 공제받을 수 있도록 하는 제도이다.

의제 매입세액 계산 ✔️

의제 매입세액=면세 농산물 등의 가액×공제율

> 예시 · 과세표준: 3억 원(6개월 매출)
>
> · 면세 농산물 매입액: 1.6억 원
>
> · 사업자: 음식업을 운영하는 개인 사업자

① 공제 한도: 1.5억 원(개인이면서 과세표준이 2억 원 초과: 50% 적용)

② 공제율: 8/108(개인이면서 음식점, 과세표준 2억 원 초과: 8/108 적용)

③ 의제 매입세액: 1.5억 원×8/108=1,111만 1,111원

의제 매입세액 공제율 ✔

구분	2018년 이후
음식점 제외 업종	제조업(중소기업) 4/104
	2019년부터 최종 소비자 상대 개인제조업(떡집 등) 6/106
	기타업종 2/102(2020년부터 유흥주점 포함)
음식점	개인 8/108 (과세표준 2억 이하 9/109)
	법인 6/106
	유흥주점 4/104(2020년부터 유흥주점 2/102로 하향)

의제 매입세액 공제 한도 ✔

구분	과세표준	일반 과세자	
		음식점	그 외 업종
개인	6개월 매출 2억 원 초과	50%	45%
	6개월 매출 1억 원 초과	60%	55%
	6개월 매출 1억 원 이하	65%	
법인		40%	40%

의제 매입세액은 공제 한도가 정해져 있다. 6개월 매출액을 기준으로 일정률을 곱한 금액을 한도로 한다. 개인 음식점업인 경우 6개

월 매출이 3억 원이면 면세 관련 매입이 2억 원이라 하더라도, 6개월 매출액의 50%인 1.5억 원만 의제 매입세액 공제가 가능하다.

간이 과세자에서 일반 과세자로 전환 통지서가 왔어요 ✍️

개인 사업자의 경우 사업자 등록 시 과세 유형을 선택하게 된다. 사업자의 조건에 따라 간이 과세자와 일반 과세자 중 선택한다. 처음 간이 과세자를 선택하면 과세 유형이 폐업까지 계속되지는 않는다.

과세 유형은 개업하는 해의 부가가치세 실적에 따라 다시 결정된다. 연간 매출액이 4,800만 원이 넘으면 일반 사업자로 자동적으로 변경된다. 이 경우 대부분의 사업사는 앞으로 부가가치세를 많이 내게 될 것이라고 예상할 뿐, 간이 과세자였을 때 매입했던 재고에 대한 부가가치세 공제를 해준다는 사실을 모르는 경우가 많다. 알지 못하면 챙길 수 없고, 그 세금 부담은 오롯이 사업자가 치러야 한다. 알면 줄일 수 있다.

재고 매입세액 공제로 부가가치세 줄이기 ✍

간이 과세자에서 일반 과세자로 전환될 때, 간이 과세자일 때 매입했던 부가가치세를 추가로 공제해 준다. 간이 과세자일 때 매입했던 재고품(상품, 제품, 반제품, 재공품, 원재료, 부재료)과 감각상각자산(건물과 구축물은 10년 이내 취득한 것, 기타의 감가상각자산은 2년 이내에 취득한 것)에 대한 매입세액이 그 대상이 된다.

재고 매입세액 계산 방법 ✔

1. 재고품: 상품, 제품, 반제품, 재공품, 원재료, 부재료

　　재고품×10/110×(1-당해 업종의 부가 가치 세율)

2. 감가상각자산

① 건물 또는 구축물

재고 매입세액=취득가액(VAT 포함)×(1-10/100×경과된 기간의 수)×(1-당해 업종의 부가율)

②기타의 감가상각자산

재고 매입세액=취득가액(VAT 포함)×(1-50/100×경과된 기간의 수)×(1-당해 업종의 부가율)

업종별 부가 가치율

업종	부가 가치율
전기·가스·증기·수도사업	5%
소매·재생용재료수집판매·음식점업	10%
제조·숙박·운수·통신·농임어업	20%
건설·부동산 임대업·그 밖의 서비스업	30%

경과된 기간의 수 ✔

과세 기간은 1기(01. 01~06. 30), 2기(07. 01~12. 31)로 1년에 경과된 기간의 수는 2가 된다. 기타의 감가상각자산일 경우에 경과된 기간의 수가 2일 때 공제받을 수 있는 재고 매입세액은 없다. 즉 건물과 구축물은 5년, 기타의 감가상각자산은 1년 이내에 유형 전환될 경우에만 재고 매입세액 공제를 받을 수 있다.

기타 감가상각자산의 재고 매입세액 예시 ✔

개업일: 음식점 2019년 10월 1일

매입 세금 계산서 발급일: 2019년 10월 31일

세금 계산서 매입 내역: 인테리어 비용 5천만 원(부가가치세 포함)

유형 변경일: 2020년 7월 1일

재고 매입세액: 5천만 원×(1-50/100×2)×(1-10%)=0

간이 과세자에서 일반 과세자로 유형이 변경되는 대부분의 경우는 연간 매출액이 4천 800만 원을 초과하는 경우다. 이 경우 무조건 2개의 과세 기간이 경과하게 된다. 따라서 매출액 기준을 초과하여 유형 변경되는 경우, 기타의 감가상각자산의 경우 재고 매입세액 공제를 받을 수 없다.

재고품 재고 매입세액 공제로 부가가치세 줄이기 ✍

공제 대상 재고품 ✔

간이 과세자가 일반 과세자로 유형 전환되는 날 현재 재고품(세금 계산서, 신용카드, 현금 영수증으로 매입, 간이 영수증 등으로 매입한 것은 불가함)

재고품 승인 ✔

과세 유형이 변경되는 날의 직전 과세 기간에 대한 부가가치세 확정신고 시 '일반 과세 전환 시의 재고품 등 신고서'를 관할 세무서장에게 제출해야 한다. 관할 세무서장은 신고 기한 후 1개월 이내에 재고 금액을 조사·승인하여 통지해야 한다. 이 경우 그 기한에 통지하지 아니한 때에는 사업자가 신고한 재고 금액을 승인한 것으로 본다.

재고품의 재고 매입세액 예시 ✔️

개업일: 소매점 2019년 10월 1일

유형 변경일: 2020년 7월 1일

유형 변경일 재고품 승인금액: 1천만 원(부가가치세 포함)

소매업 부가 가치율: 10%

재고 매입세액: 1천만 원×10/110×(1-10%)=81만 8,181원

'일반 과세 전환 시의 재고품 등 신고서' 신청으로 세금 줄이기 ✍️

간이 과세자에서 일반 과세자로 전환할 때 재고 매입세액 공제를 받기 위해서는, 전환일 직전 확정 부가가치세 신고할 때 반드시 '일반 과세 전환 시의 재고품 등 신고서'를 제출해야 한다.

7월 1일자로 과세 전환 시 1월 1일부터 6월 30일까지의 간이 과세자 부가가치세 확정 신고를 7월 25일까지 해야 한다. 이때 '일반 과세 전환 시의 재고품 등 신고서'를 함께 제출해야 한다.

부가가치세 신고 후 1개월 내 관할 세무서장은 승인 여부에 대한 통지를 해야 한다. 만약 통지하지 않은 경우에는 승인된 것으로 본

다. 다음 해 7월 1일부터 12월 31일까지 일반 과세자 부가가치세 신고 시 재고 매입세액으로 반영하여 부가가치세 공제를 받으면 된다.

과세 전환 시 세무서에서는 과세 전환 안내문과 '과세 전환 시의 재고품 등 신고서'를 동봉하여 보내준다. 대부분의 사업자는 안내문을 통해 유형 전환 사실을 알게 된다. 유형 전환에 대한 기준은 절대적으로 연간 매출액이다. 연간 매출액을 예상해서 유형 전환을 준비한다면 부가가치세를 절세할 수 있다.

신용카드 결제 후 세금 계산서를 중복 발행할 수 없다 ✍

전기자재 소매점을 운영하는 사장님에게 전화가 왔다. 고객이 신용카드 전표를 가져와서는 세금 계산서를 발급해달라고 했다는 것이었다. 남편이 회사를 운영하는데 부가가치세 공제를 받으려면 세금 계산서가 필요하다고 했다.

세법에서는 재화나 용역을 공급받고 신용카드로 결제한 경우, 세금 계산서를 중복해서 발급할 수 없도록 하고 있다. 그러나 외상으로 구매하고 세금 계산서를 발행한 후 외상 대금을 신용카드로 결제하는 것은 가능하다. 이 경우 부득이 세금 계산서와 신용카드 매출전표가 중복 발행된다. 신용카드로 외상 대금을 결제할 경우 전표에 표시를 해두어서 매출을 중복 신고하는 일이 없도록 주의해야 한다.

신용카드 매출전표와 세금 계산서를 중복으로 발급했을 때, 공급자와 공급받는 자 모두 세금 계산서를 기준으로 부가가치세 신고를 해야 한다. 가끔 매입자가 세금계산서와 신용카드 매입 자료를 이중으로 공제받아 세금을 추징당하는 경우가 있으니 주의를 해야 한다.

위의 경우 배우자의 카드로 매입했고, 사업과 관련하여 매입한 상황이라면 신용카드 전표만으로도 매입세액 공제가 가능하다. 가족이나 직원 명의의 카드로 매입할 경우에도 매입세액 공제가 가능하기 때문이다.

부가가치세, 더 빨리 환급받을 수 있다 ✍

부가가치세 환급은 매입세액이 매출 세액보다 많은 경우에 발생된다. 부가가치세 환급에는 일반 환급과 조기 환급이 있다. '일반 환급 신고'는 부가가치세 확정신고 기한이 지난 후 30일 이내에 환급된다. 예정신고 기간에 환급이 발생되더라도 일반 환급의 경우에는 환급되지 않고, 확정신고 시 미환급 세액으로 반영하여 최종적으로 확정신고 때 환급이 발생하면 신고 후 30일 이내에 환급된다.

'조기 환급 신고'는 신고 후 15일 이내에 환급받을 수 있다. 조기 환급 신고는 예정신고 또는 확정신고 기간별로 신고할 수 있고, 예정신고 기간 중 또는 과세 기간 최종 3월 중 매월 또는 매 2월 단위로 신고할 수 있다. 조기 환급 신고를 하는 경우에는 해당 신고 기간의 매출·매입 모두를 신고해야 한다. 간혹 매입만을 신고하는 것으로 잘못 알고 있는 사람들이 있다.

조기 환급 신고 기한 ✔

① 1월 설비 투자 시(1월분만 신고): 2월 25일까지

② 2월 설비 투자 시(1~2월분을 같이 신고해야 함. 2월분만 따로 신고할 수 없음): 3월 25일까지

③ 5월 설비 투자 시(4~5월분을 같이 신고해야 함): 6월 25일까지

→ 7월 25일 확정신고: 1~3월분, 6월분을 확정신고 해야 함. 이때 1~3월 예정 고지분에 대해서는 기납부 세액으로 확정신고 시 공제함.

일반적으로 개업 초기 시설 투자나 기계장치의 노후 등으로 사업 설비에 재투자를 하는 경우에 환급이 발생한다. 중소기업은 대부분 은행 대출을 통해 투자 자금을 조달한다. 설비 투자가 1월에 이루어졌다면 7월 25일까지 부가가치세 확정신고를 해야 한다. 이때 부가가치세 환급은 8월 25일까지 받게 된다. 1월에 설비 투자를 하고 환급받

는 데 까지 무려 7개월 이상이 걸리는 것이다. 이 경우 조기 환급을 받으면 2월 25일까지 부가가치세 신고를 하고, 신고 후 3월 10일 이내에 환급받을 수 있다. 일반 환급과 비교하면 무려 5개월 이상 빨리 환급을 받는 것이다.

이처럼 조기 환급은 수출을 하거나 사업 설비 투자를 해서 환급이 발생한 경우 조기에 환급해 줌으로써 중소기업의 자금 부담을 덜어 주기 위한 제도이다. 그러나 모든 기업이 조기 환급을 받을 수 있는 것은 아니다.

다음의 조건이 충족되었다면 확정신고 기한까지 기다리지 말고 적극적으로 조기 환급을 받아서 설비투자로 인한 자금 부담을 해소하는 데 활용해야 한다.

조기 환급 대상 ✔

① 수출 등으로 영세율이 적용되는 경우

② 사업 설비를 신설·취득·확장·증축하는 경우

③ 재무 구조 개선 계획을 이행 중인 경우

1일 마스터! 성공 창업을 위한 실전 세무

소득세, 수입이 생기면 신고해야 한다

소득세 신고 방법 4가지 ✍️

소득세는 수입 금액에서 필요 경비를 차감한 소득 금액에서 소득 공제 후 과세표준에 6~42%의 세율을 곱해서 결정된다. 계산 구조를 보면 수입 금액과 필요 경비를 알아야 세금을 계산할 수 있다. 소득 공제는 각 개인에 따라 달라지며 계산되는 것이 아니라 일정한 조건에 해당하는 금액이다.

소득세 계산의 핵심인 소득 금액을 계산하는 방법에 따라 추계 신고와 기장 신고로 나뉜다. 추계 신고에는 단순경비율 신고와 기준경비율 신고, 기장 신고자는 간편 장부 대상자와 복식 부기 의무자로 나뉜다.

'추계 신고'는 소득 금액 계산 시 기준경비율과 단순경비율로 계산한 필요 경비를 수입 금액에서 차감하여 계산한다. 추계 신고는 사업자가 스스로 장부를 기장하지 않고 국세청에서 정해준 경비율(단순경비율, 기준경비율)에 의해 필요 경비를 계산해서 신고할 수 있다. 하지만 사업자의 실제 비용과 소득을 반영하지 못하기 때문에 정확한 세금 신고라고 보기 힘들다. 그러나 단순경비율 신고 대상자에게는 유리한 신고 방법이다. 복잡한 세금 신고와 세무 비용을 절약할 수 있고, 소득세도 나오지 않는 경우가 많아서 영세 사업자들을 위한 신고 유형이기도 하다.

'기장 신고'는 사업자가 증빙에 의해 필요 경비를 계산하고, 이를 수입 금액에서 차감하여 소득 금액을 계산한다. 기장 신고는 사업자 스스로 사업과 관련하여 지출한 필요 경비를 계산하여 소득세를 신고, 납부한다.

단순경비율과 기준경비율로 소득세 신고하기 ✍

단순경비율로 소득 금액 계산하기 ✔

소득 금액=총수입 금액-(총수입 금액×단순경비율)

<예시> 총수입 금액이 2천만 원, 학원업종의 단순경비율 79.2%(2018년 귀속)

학원 소득 금액: 416만 원=2천만 원-(2천만 원×79.2%)

기준경비율로 소득 금액 계산하기 ✔

총수입 금액에서 주요 경비인 매입비용, 임차료, 인건비에 대해서는 적격

증빙을 수취하여 해당 금액만큼 차감한 후, 다시 총수입 금액에서 기준경

비율을 곱한 금액을 차감하여 소득 금액을 계산한다.

소득 금액=총수입 금액-(매입비용+임차료+인건비)-(총수입 금액×기준경

비율)

<예시> 총수입 금액이 2천만 원, 학원업종의 기준경비율 20.1%(2018년 귀속)

학원 소득 금액: 1천 598만 원=2천만 원-(2천만 원×20.1%)

수입 금액에 따라 소득세 신고 방법이 다르다 ✍

개인 사업자는 해당 업종별 수입 금액(매출액)에 따라 신고 유형이 달라진다. 기장 의무와 추계 신고 시 적용할 경비율을 판단하는 것은 소득세 신고의 시작이다. 잘못된 신고의 유형 선택으로 세금을 추징당하는 일은 없어야 할 것이다.

직전 연도 업종별 수입 금액 기준 ✔

업종별	복식 부기 의무자	간편 장부 대상자	기준경비율 적용대상자	단순경비율 적용대상자
가.농업·임업 및 어업, 광업, 도매 및 소매업(상품중개업을 제외한다), 제122조 제1항에 따른 부동산매매업, 그 밖에 '나'군 및 '다'군에 해당하지 아니하는 사업	3억 원 이상자	3억 원 미만자	6천만 원 이상자	6천만 원 미만자
나.제조업, 숙박 및 음식점업, 전기·가스·증기 및 공기조절 공급업, 수도·하수·폐기물처리·원료재생업, 건설업(비주거용 건물 건설업은 제외), 부동산 개발 및 공급업(주거용 건물 개발 및 공급업에 한정), 운수업 및 창고업, 정보통신업, 금융 및 보험업, 상품중개업, 욕탕업	1억 5천만 원 이상자	1억 5천만 원 미만자	3천 600만 원 이상자	3천 600만 원 미만자
다.법 제45조 제2항에 따른 부동산임대업, 부동산업(제122조 제1항에 따른 부동산매매업 제외), 전문·과학 및 기술 서비스업, 사업시설관리·사업지원 및 임대 서비스업, 교육 서비스업, 보건업 및 사회복지 서비스업, 예술·스포츠 및 여가 관련 서비스업, 협회 및 단체, 수리 및 기타 개인 서비스업, 가구 내 고용 활동	7천 500만 원 이상자	7천 500만 원 미만자	2천 400만 원 이상자	2천 400만 원 미만자

※전문직 사업자 등에 대한 예외

· 전문직 사업자는 직전 연도 수입 금액 규모에 상관없이 복식 부기 의무자임.

· 전문직 사업자, 현금 영수증 가맹점 미가입자, 신용카드·현금 영수증 상습발급거부자(연간 3회 이상 & 100만 원 이상 또는 5회 이상)는 단순경비율 적용에서 배제함.

※전문직 사업자는 의료업, 수의업, (한)약사업, 변호사업, 심판변론인업, 변리사업, 법무사업, 공인노무사업, 세무사 · 회계사업, 경영지도사업, 통관업, 기술지도사업, 감정평가사업, 손해사정인업, 기술사업, 건축사업, 도선사업, 측량사업 등이 해당됨.

기장으로 소득세 신고하기 ✍

사업자가 사업과 관련하여 지출한 경비를 증빙을 근거로 필요 경비를 계산하고, 이를 근거로 소득 금액을 계산하는 기장 신고자는 직전 연도 수입 금액에 따라 간편 장부 대상자와 복식 부기 의무자로 나뉜다. 흔히 세무사 사무실에 세무 업무를 위임할 때 '기장을 맡긴다'고 말한다. 기장 신고를 하기 위해서는 세무 신고 관련 전문지식과 프로그램도 있어야 한다. 사업자 개인이 기장하기에는 어려움이 있으므로 세무사 사무실과 기장 계약을 하고 위임한다.

사업자가 기장으로 신고를 하면 적극적으로 경비를 인정받을 수 있어 세금 부담이 줄어들고 금융기관 등과 거래 시 필요한 재무제표를 발급받을 수 있다. 또한 각종 세액 공제 적용이 가능하고 이월 결손금도 공제받을 수 있다.

기장 신고 대상자가 되었다면 가급적 빠른 시기에 세무사의 도움을 받아 세금 신고 계획을 준비하는 것이 유리하다. 5월 31일 소득세 신고 기한을 얼마 남겨놓지 않고 방문하면 너무 늦어서 줄일 수 있었던 세금을 억울하게 부담하게 된다. 세금은 미리 준비하지 않으면 절세할 수 없다. 각각의 세금 신고는 신고 기한이 있다. 신고가 마감되기 전에 미리 준비해야 하는 이유다.

적자면 기장해야 한다 ✍

개업 연도에 상당한 적자가 발생했음에도 불구하고 장부를 기장하지 않아서 세금을 납부하는 경우를 보았다. 한 사업자가 2018년 10월에 대형 음식점을 창업하고 2019년 7월 부가가치세 신고 기간에 찾아왔다. 2018년 부가가치세 신고는 초기 투자 비용이 많아 환급되었고, 2018년 귀속 소득세 신고는 매출이 크지 않아 납부할 세금이 없었다고 한다. 모두 사업자가 홈택스로 직접 신고했다.

개업 연도인 2018년에 장부 기장했더라면, 2019년 소득 1억 원에서 2018년 결손금 1억 원이 공제되어 2019년 소득세 2천만 원은 안 낼 수 있었다.

적자가 났다면 기장을 통해 결손금으로 인정받고 세금을 줄일 수 있다. 5월은 소득세 신고의 달이다. 개인 사업자라면 반드시 5월 31일까지 소득세 신고를 해야 한다. 소득세는 1년 동안의 소득에 대해서 납부하는 세금이다. 소득이 없으면 납부할 세금도 없다. 5월에 소득세 상담을 하다 보면, 적자를 봤기 때문에 세금 신고를 하지 않아도 된다고 생각하는 사업자분들을 많이 만난다.

소득세는 국세청에서 세금을 결정 · 고지하는 것이 아니라 납세자가 자진 신고 · 납부하게 되어 있다. 사업자가 적자가 난 사실을 인정받기 위해서는 증빙을 근거로 한 장부를 기장해야 한다. 그리고 적자로 인해 납부할 세금이 없더라도 소득세 신고는 해야 한다. 신고를 통해 적자 금액(결손금)은 앞으로 10년 내 발행하는 소득에서 공제받을 수 있다.

나는 주택임대 소득 신고 대상일까? ✍

주택임대 소득은 주택을 임대하고 받은 소득을 말한다. 우리나라의 2020년 2주택 소유자는 140만 명 정도이다. 2019년부터 2천만 원 이하 임대 소득도 과세 대상이 되었다. 2천만 원 이하인 경우 14%의 세율로 분리 과세를 하는 방법과 종합 과세(세율 6~42%)를 하는 방법 중 선택할 수 있다. 세무서와 지방자치단체에 주택임대 사업을 모두 등록한 사업자의 경우 연 임대 수입이 1천만 원 이하면 분리 과세로 소득세 신고하면 납부할 세금이 없다. 개인의 소득에 따라 절세할 수 있는 신고 방법을 선택하는 것이 좋다.

주택임대 소득에서 가장 어려운 것은 소득세 신고 대상에 포함되는지 여부에 관한 것이다. 소득세 신고 대상을 판정하는 기준에는 주택 수가 첫 번째 기준이다. 그리고 임대 조건인 보증금과 월세로 볼 수 있다. 소득세 신고 대상에 해당되는지 기준을 명확히 알아두어야 한다.

19년 귀속 주택임대 소득 과세 요건 및 과세 방법

과세 요건 (주택 수 기준)		
주택 수[1]	월세	보증금
1주택	비과세[2]	비과세
2주택	과세	비과세
3주택 이상	과세	간주 임대료 과세[3]
과세 요건 (수입 금액 기준)		
수입 금액	과세 방법	
2천만 원 이하	종합 과세와 분리 과세 중 선택	
2천만 원 초과	종합 과세	

1) 보유주택 수는 부부 합산하여 계산
2) 기준시가 9억 원 초과 주택 및 국외소재 주택의 임대 소득은 1주택자로 과세
3) 소형주택(주거 전용면적 40㎡ 이하이면서 기준시가가 2억 원 이하)은 간주 임대료 과세 대상 주택에서 제외(ʼ21년까지)

자료 출처: 국세청 보도자료

1주택의 경우 국외 주택의 월세 수입은 과세 대상이다. 해외 주택에 대한 월세 수입도 신고해야 한다. 국내 주택에 대한 월세 수입은 과세 대상이 아니다. 그러나 주택의 기준 시가가 9억 원을 초과하면 1주택이라 하더라도 과세가 된다. 기준 시가가 9억 원이 초과하더라도 보증금과 전세금은 과세 대상에서 제외된다. 즉, 1주택일 경우 기준 시가 9억 원 초과 시에만 월세(보증금, 전세금 제외)에 대해서 과세 대상이 된다.

2주택일 경우 모든 월세 수입이 과세 대상이 된다. 그러나 보증금, 전세금은 과세 대상이 아니다. 즉 2주택이라도 전세의 경우는 과세 대상이 아니다.

3주택 이상은 모든 월세 수입이 과세 대상이다. 비소형 주택(소형 주택: 주거전용 면적이 40㎡ 이하이면서 기준 시가가 2억 원 이하(ʼ21년까지)) 3채 이상 보유 시 해당 보증금, 전세금 합계 3억 원을 초과하는 경우 보증금도 과세 대상에 포함된다. 그러나 비소형 주택의 경우 3채 미

만 보유했다면 보증금·전세금은 비과세 대상이다. 즉 보증금과 전세금은 주택수가 3채 이상일 경우에만 과세가 된다는 뜻이다. 비소형 주택의 경우 3채 이상이라 하더라도 보증금·전세금 합계가 3억 원 이하라면 비과세이다. 소형주택의 보증금·전세금은 3채 이상이라 하더라도 모두 비과세이다.

주택임대 사업자 등록을 안 하면 가산세를 내야 한다 ✍

국세청은 주택임대 소득자가 사업자 등록을 하지 않았을 경우 2020년부터 주택임대 수입 금액의 0.2%를 '미등록 가산세'로 부과하기로 했다. 미등록 가산세는 사업자 등록을 하지 않았을 경우 무조건 부과되는 세금이다. 대부분의 주택임대 소득자는 2주택자인 경우가 많다. 2주택 중 1개의 주택은 가족이 거주용으로 사용하고 나머지 1개의 주택을 임대한다. 이때, 임대로 준 주택에 대한 사업자 등록을 해야 한다.

월세가 100만 원이라면 1년 주택임대 수입 금액은 1,200만 원이다. 여기에 미등록 가산세율 0.2%를 곱하면 24만 원의 미등록 가산세를 부과 받는다.

임대주택법상 임대 사업자 등록은 의무사항이 아니라 선택사항이다. 개인의 상황에 따라 임대주택법상 임대 사업자 등록으로 인한 장단점을 파악한 후 등록 여부를 선택할 수 있다. 그러나 소득세법상 주택임대 사업자 등록은 의무사항이다. 임대주택법상 임대 사업자 등록을 하지 않았다고 하더라도 세무서에 주택임대 사업자 등록을 해야 미등록 가산세를 피할 수 있다.

소득세법과 민간임대주택법 주택임대 사업자 등록 차이점

구분	소득세법	민간임대주택법
임대 사업자 등록	의무	선택
등록기관	사업자 주소지 관할 세무서, 홈택스 (www.hometax.go.kr)	거주지 시·군·구청 주택과, 렌트홈(www.renthome.go.kr)
사업자 미등록 가산세	임대 수입 금액 0.2%	없음
준비물	신분증, 임대차 계약서	신분증, 매매계약서 원본, 주택임대 사업자 등록 신청서 (주택과 비치)

주택임대업 사업자 등록하기 ✍

사업자 등록은 사업 개시일부터 20일 이내에 관할 세무서에 신청해야 한다. 이때 사업자 등록을 신청하는 관할 세무서는, 임대주택법상 임대 사업자로 등록한 사업자는 그 등록한 주소지(사무소 소재지)를 사업장으로 하여 관할 세무서장에게 사업자 등록 신청할 수 있다. 이때 임대주택 명세서를 첨부해야 하며 임대 사업자 등록증 사본으로 대신할 수 있다.

세무서에 신고하는 주택임대 사업자 등록은 의무사항이다. 그러나 주소지 관할 시·군·구청에 신고하는 민간주택법상 주택임대 사업자 등록은 선택사항이다. 따라서 세무서에 주택임대 사업자 등록을 하는 방법은 2가지가 있다.

첫째, 민간주택법상 주택임대 사업자 등록은 하지 않고 세무서에 주택임대 사업자 등록만 할 수 있다. 둘째, 민간주택법상 주택임대 사업자 등록과 세무서에 주택임대 사업자 등록을 함께 하는 방법이 있다(주소지 관할 시·군·구청에서 민간주택법상 주택임대 사업자 등록을 할 경우 국세청 사업자 등록도 동시에 신청하여 등록할 수 있다).

임대주택에 대한 세법상 혜택을 받기 위해서는 반드시 지자체 주택임대 사업자 등록과 세무서 주택임대 사업자 등록을 모두 해야 한다. 따라서 세무서에 주택임대 사업자 등록을 하지 않은 사업자는 거의 없다.

하지만 지자체에 주택임대 사업자 등록을 하지 않은 사업자 중 세무서에 주택임대 사업자 등록을 하지 않은 사업자는 많다. 사업자 등록을 하지 못해서 가산세가 부과되는 일이 없도록 하자.

2천만 원 이하 주택임대 소득 분리 과세로 신고하기 ✍

　2천만 원 이하인 경우에는 종합 과세와 분리 과세 중에 선택해서 신고할 수 있다. 분리 과세로 신고할 경우

　① 등록 임대주택과 미등록 임대주택에 따라서 필요 경비율이 달라진다. 등록 임대주택은 세무서와 지자체에 모두 등록하고 임대 보증금과 임대료의 연 증가율이 5%를 초과하지 않아야 임대 수입

2천만 원 이하 국민주택 규모 임대주택 분리과세 신고

임대 소득 외 종합 소득 금액		종합 소득 금액 2천만 원 이하		종합 소득 금액 2천만 원 초과	
등록 임대주택	미등록	등록	미등록	등록
수입 금액	2천만 원	2천만 원	2천만 원	2천만 원
①필요 경비율	1천만 원	1천 200 만 원	1천만 원	1천 200 만 원
②기본 공제	200만 원	400만 원	-	-
과세표준	800만 원	400만 원	1천만 원	800만 원
세율	14%	14%	14%	14%
산출세액	112만 원	56만 원	140만 원	112만 원
③공제 감면	단기 4년	-	16만 8,000원	-	33만 6,000 원
	장기 8년		42만 원		84만 원
소득세	단기 4년	112만 원	39만 2,000 원	140만 원	78만 4,000 원
	장기 8년		14만 원		28만 원

※국민주택 규모의 임대주택으로 조세특례제한법 제96조의 요건을 충족하지 못하면 단기 4년 30%, 장기 8년 75%의 세액감면을 받을 수 없다(전용면적 85㎡ 초과 또는 공시가격 6억 원 초과 주택임대)

금액의 60%를 필요 경비로 인정받을 수 있다. 세무서에만 사업자 등록을 했거나 사업자 등록을 하지 않았을 경우에는 필요 경비로 50%만 공제받아야 한다.

② 주택임대 소득을 제외한 종합 소득 금액이 2천만 원 이하인 경우에는 기본 공제로 400만 원(등록 임대주택), 200만 원(미등록 임대주택)을 받을 수 있다. 그러나 종합 소득 금액이 2천만 원을 초과할 경우에는 받을 수 없다.

③ 국민주택규모의 임대주택으로 조세특례제한법 제96조의 요건을 충족하면 단기 4년 30%, 장기 8년 75%의 세액감면을 받을 수 있다(전용면적 85m^2 이하&공시가격 6억 원 이하 주택임대).

1주택, 주택임대 소득세 계산하기 ✎

1주택 신고대상 ✔

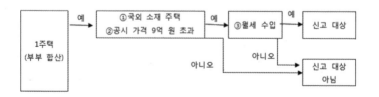

임대 소득세 계산 ✔

공시 가격 9억 원 초과 고가 주택으로 신고 대상에 해당되며, 보증금은 비과세 해당하고 월세만 과세 대상에 해당 된다. 임대 수입 금액이 2천만 원 이하이므로 분리 과세와 종합 과세 중 선택이 가능하다.

아래의 경우 분리 과세로 소득세를 신고할 경우 소득세로 72만 8,000원을 납부해야 하고, 종합 과세로 신고할 경우에는 65,936원을 납부하게 된다. 소득세 신고 시 신고 방법의 선택에 따라 66만 2,064원의 세금을 더 낼 수도 덜 낼 수도 있게 된다.

<예시>

임대 현황

- 4인 가족 (인적 공제 6백만 원 = 150만 원 × 4명)

- 주택임대 소득 외 다른 종합 소득 금액 없음

- 임대현황 : 1주택 (공시 가격 9억 원 초과), 월세 120만 원,

  보증금 1천만 원

- 임대 사업자 등록 : 세무서에만 사업자 등록 함

종합 과세 신고		분리 과세 신고	
수입 금액	14,400,000	수입 금액	14,400,000
①필요 경비	6,134,400	②필요 경비	7,200,000
소득 금액	8,265,600		
소득 공제	6,000,000	③기본 공제	2,000,000
과세표준	2,265,600	과세표준	5,200,000
세율	6%	세율	14%
산출세액	135,936	산출세액	728,000
④공제감면	70,000	공제감면	-
결정 세액	65,936	결정 세액	728,000
기납부세액	-	기납부세액	-
납부할세액	65,936	납부할세액	728,000

① 필요 경비=수입 금액(14,400,000)×단순경비율(42.6%)

② 필요 경비=수입 금액(14,400,000)×사업자 미등록 시 분리 과세 필요

경비율(50%)

③ 기본 공제: 사업자 미등록 시 주택임대 소득 외 다른 종합 소득 금액 2

천만 원 이하 2백만 원 기본 공제

④ 공제감면: 표준세액 공제 7만 원

2주택, 주택임대 소득세 계산하기 ✍️

2주택 신고대상 ✔

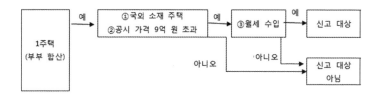

임대 소득세 계산 ✔

2주택 일 경우 모든 월세 수입이 과세 대상이 된다. 그러나 보증금, 전세금

은 과세 대상이 아니다.

<예시>

임대 현황

- 4인 가족 (인적 공제 6백만 원 = 150만 원 × 4명)

- 주택임대 소득 외 다른 종합 소득 금액 2천만 원 이하

- 임대현황 : A주택 (공시 가격 9억 원 이하), 월세 120만 원,

  보증금 1천만 원

 B주택 (공시 가격 9억 원 이하), 월세 30만 원, 보증금 500만 원

- 임대 사업자 등록 : 세무서에만 사업자 등록 함

종합 과세 신고		분리 과세 신고	
수입 금액	18,000,000	수입 금액	18,000,000
① 필요 경비	7,668,000	②필요 경비	9,000,000
소득 금액	10,332,000		
소득 공제	6,000,000	③기본 공제	2,000,000
과세표준	4,332,000	과세표준	7,000,000
세율	6%	세율	14%
산출세액	259,920	산출세액	980,000
④공제감면	70,000	공제감면	-
결정 세액	189,920	결정 세액	980,000
기납부세액	-	기납부세액	-
납부할세액	189,920	납부할세액	980,000

① 필요 경비=수입 금액(18,000,000원)×단순경비율(42.6%)

② 필요 경비=수입 금액(18,000,000원)×사업자 미등록 시 분리 과세 필요 경비율(50%)

③ 기본 공제: 사업자 미등록 시 주택임대 소득 외 다른 종합 소득 금액 2천만 원 이하 2백만 원 기본 공제

④ 공제감면: 표준세액 공제 7만 원

3주택, 주택임대 소득세 계산하기 ✍🏻

3주택 신고대상 ✔

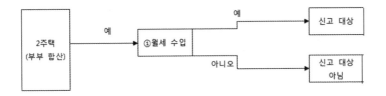

임대 소득세 계산 ✔

3주택 이상은 모든 월세 수입과 3억 원을 초과하는 보증금에 대해 과세한다. 그러나 소형 주택(주거전용 면적이 40㎡ 이하이면서 기준 시가가 2억원 이하)은 주택 수에 포함되지 않는다. 즉, 비소형 주택 2채, 소형주택 3채를 보유할 경우 소형 주택은 주택 수에서 제외되므로 5주택이 아니라 2주택에 해당된다. 소형 주택의 보증금·전세금은 3채 이상이라 하더라도 모두 비과세이다.

<예시>

임대 현황

- 4인 가족 (인적 공제 6백만 원 = 150만 원 × 4명)

- 주택임대 소득 외 다른 종합 소득 금액 없음

- 임대현황 : A 주택 (공시 가격 9억 원 초과), 보증금 7억 원

B 주택 (공시 가격 9억 원 이하), 보증금 5억 원

C 주택 (공시 가격 9억 원 초과), 월세 1백만 원, 보증금 1억 원

- 임대 사업자 등록 : 세무서에만 사업자 등록 함

보증금 등에 대한 간주 임대료 계산

주택의 간주 임대료=(보증금-3억 원)×임대 일수×60%÷365×이자율(1.8%)

임대 수입 금액 계산

A 주택: (6억 원 - 3억 원) × 365 × 60% ÷ 365 × 1.8% = 3,240,000원
B 주택: (2억 원 - 0) × 365 × 60% ÷ 365 × 1.8% = 2,160,000원
C 주택: ① 간주 임대료(1억 원 - 0) × 365 × 60% ÷ 365 × 1.8% = 1,080,000원
   ② 월세 1백만 원 × 12개월 = 12,000,000원
   총 = 18,480,000원

종합 과세 신고		분리 과세 신고	
수입 금액	18,480,000	수입 금액	18,480,000
①필요 경비	7,872,480	②필요 경비	9,240,000
소득 금액	10,607,520		
소득 공제	6,000,000	③기본 공제	2,000,000
과세표준	4,607,520	과세표준	7,240,000
세율	6%	세율	14%
산출세액	276,451	산출세액	1,013,600
④공제감면	70,000	공제감면	-
결정 세액	206,451	결정 세액	1,013,600
기납부세액	-	기납부세액	-
납부할세액	206,451	납부할세액	1,013,600

① 필요 경비=수입 금액(18,480,000)×단순경비율(42.6%)

② 필요 경비=수입 금액(18,480,000)×사업자 미등록 시 분리 과세 필요

경비율(50%)

③ 기본 공제: 사업자 미등록 시 주택임대 소득 외 다른 종합 소득 금액

2천만 원 이하 2백만 원 기본 공제

④ 공제감면: 표준세액 공제 7만 원

개인 사업자의 세무 감사! 성실 신고 확인 제도! ✍

개인 사업자는 매년 5월까지 종합 소득세 신고를 한다. 그러나 수

입 금액이 일정 규모 이상으로 성실 신고 확인 대상자가 되면 6월에 신고한다.

성실 신고 확인 제도는 개인 사업자가 종합 소득세 신고를 할 때 장부기장 내용의 정확성 여부를 세무사 등에게 확인받게 함으로써 성실한 신고를 유도하기 위해 도입된 제도이다.

성실 신고 확인자는 세무사, 공인회계사, 세무법인, 회계법인이다. 사업자의 장부기장 내역과 과세 소득의 계산 등 성실성을 확인하기 위해서는 세무 전문가의 공공성과 전문성이 필요하다.

성실 신고 확인자가 사업자의 성실 신고 확인을 제대로 하지 못한 사실이 세무 조사 등을 통해 밝혀지면 징계를 받게 된다. 따라서 사업자의 매출 누락, 가공경비 계상, 업무 무관경비 계상, 가공 인건비 확인 등 장부기장 내용을 엄격하게 확인한 후 성실 신고 확인서를 제출해야 한다. 징계를 감수하고 부실하게 성실 신고 확인서를 제출하는 세무 대리인은 없다.

성실 신고 대상자는 업종별 매출액을 기준으로 일정 금액 이상인 경우로 매출액이 큰 사업자가 많다. 성실 신고 확인 대상자가 된다는 것은 매출액이 동종 업종의 사업자보다 크다는 것이다. 이는 즐거운 일이기도 하다.

필자의 경우 성실 신고 확인 대상자가 될 경우 법인 전환을 권유한다. 법인이 개인보다는 자금조달이 쉽고, 대외 신용도가 높아지며, 개인 사업자에 비해 세율이 낮다. 그러나, 이외에도 법인 전환 시 고려해야 할 사항들은 많으니 전문가와 충분히 검토한 후 결정하기를 권한다.

성실 신고 확인을 받아야 하는 사업자는? ✍️

성실 신고 확인 대상 사업자는 당해 수입 금액이 일정 금액 이상인 경우로 업종별로 구분되어 있다.

성실 신고 확인 대상자 ✔️

업 종 별	'19년 귀속
1. 농업 · 임업 및 어업, 광업, 도매 및 소매업(상품중개업을 제외 한다). 제122조 제1항에 따른 부동산매매업, 그 밖에 제2호 및 제3호에 해당하지 아니하는 사업	해당 연도 수입 금액 15억 원 이상
2. 제조업, 숙박 및 음식점업, 전기 · 가스 · 증기 및 공기조절 공 급업, 수도·하수·폐기물처리·원료재생업, 건설업(비주거용 건물건설업은 제외하고, 주거용 건물 개발 및 공급업을 포함한다). 운수업 및 창고업, 정보통신업, 금융 및 보험업, 상품중개업	해당 연도 수입 금액 7.5억 원 이상
3. 법 제45조 제2항에 따른 부동산 임대업, 부동산업(제122조 제1항에 따른 부동산매매업은 제외한다). 전문 · 과학 및 기술 서비스업, 사업시설관리·사업지원 및 임대서비스업, 교육 서비스업, 보건업 및 사회복지 서비스업, 예술 · 스포츠 및 여가 관련 서비스업, 협회 및 단체, 수리 및 기타 개인 서비스업, 가구내 고용 활동	해당 연도 수입 금액 5억 원 이상

성실 신고 대상자가 지출한
의료비·교육비 공제받을 수 있다 ✍

개인 사업자는 의료비와 교육비 세액 공제를 받을 수 없다. 의료비 · 교육비 세액 공제는 근로 소득자만 받을 수 있다. 그러나 성실 신고 확인 대상자로서, 성실 신고 확인서를 제출한 자가 특별세액 공제 대상인 의료비·교육비를 지출한 경우 세액 공제를 받을 수 있다.

의료비와 교육비 모두 지출한 금액의 100분의 15(일정한 난임시술비의 경우에는 100분의 20)에 해당하는 금액을 사업 소득에 대한 소득세에서 공제해준다. 그러나 다음과 같은 경우에 해당 되면 세액 공제액이 추징되고 추징일이 속하는 다음 과세 기간부터 3개 과세 기간 동안 세액 공제를 받을 수 없게 된다.

세액 공제액 추징요건 ✔

① 해당 과세 기간에 대하여 과소 신고한 수입 금액이 경정(수정 신고로 인한 경우를 포함)된 수입 금액의 100분의 20 이상인 경우

② 해당 과세 기간에 대한 사업 소득 금액 계산 시 과대 계상한 필요 경비가 경정(수정 신고로 인한 경우를 포함)된 필요 경비의 100분의 20 이상인 경우

성실 신고 확인 비용 세액 공제받기 ✍

성실 신고 사업자가 되면 성실 신고 확인에 대한 수수료를 세무 조정 수수료와는 별도로 세무 대리인에게 지불해야 한다. 사업자 입장에서는 추가로 부담하게 되는 성실 신고 수수료가 부담이 된다. 사업자의 성실 신고 확인 비용에 대한 부담을 줄여주기 위해 국세청에서는 성실 신고 확인 대상자가 성실 신고 확인서를 제출하는 경우에 성실 신고 확인에 직접 사용한 비용의 60%를 120만 원을 한도로 소득세에서 공제해 주고 있다.

단, 해당 과세 연도의 사업 소득 금액을 과소 신고한 경우로서 그 과소 신고한 사업 소득 금액이 경정(수정 신고로 인한 경우를 포함)된 사업 소득 금액의 100분의 10 이상인 경우 공제 받았던 세액 공제액을 추징한다.

어려운 인건비 신고 쉽게 하는 법

인건비 신고 꼭 해야 하나? ✍️

최근 1인 기업이 많이 늘고 있다. 처음 수개월 또는 1년은 혼자서 모든 일을 처리할 수 있다. 그러나 매출액이 증가하고 업무량이 많아지면 대표 1인이 처리하기 힘들어진다. 이때부터 직원을 채용하게 된다. 직원을 채용하게 되면 매월 인건비 신고를 해야 한다. 그리고 동시에 4대 보험에도 가입해서 보험료도 납부해야 한다.

어느 날 음식점을 개업하신 사장님이 찾아온 적이 있다. 주방에서 일하는 분은 고정직으로 4대 보험에 가입하고 세무서에도 급여 신고를 하기로 했는데, 새로 뽑은 주방보조 직원이 4대 보험 가입을 꺼린다는 것이다.

영세한 자영업이나 근로 조건이 어려운 사업장의 경우 4대 보험 가입을 꺼리는 경우가 많다. 정상적으로 직원을 채용하고 4대 보험도 가입하면 사업주 입장에서는 아무런 문제가 없다.

그러나 직원이 4대 보험 가입을 꺼리고 급여 신고를 거부하게 되면 사업자는 인건비 신고를 못하게 되고, 소득세 신고 시 경비로 인정받을 수 없게 되고, 이는 모두 이익으로 계산되어 납부하지 않아도 될 세금을 추가로 납부하게 된다. 이로 인해 세금을 적게는 6%에서 많게는 42%까지 추가 부담하게 된다.

이처럼 인건비 신고를 못하게 됨으로써 소득세를 많이 납부하게 된다는 사실을 설명하면 이런 제안을 하시는 사장님들도 있다. '국세청에 인건비 신고만 하고 4대 보험은 가입을 하지 말자'는 것이다. 너무 좋은 생각이다. 필자도 그러고 싶다. 그러나 현실은 그렇지가 않다.

국세청에 인건비 신고가 들어가면 4대 보험 각각의 관리 공단에서도 사업자가 국세청에 신고한 인건비 신고 내역을 공유할 수 있다. 따라서 각 공단에서도 사업장의 인건비 신고 현황을 확인하여 4대 보험에 가입이 안 된 사업장으로 확인될 경우 보험료 추징과 함께 가입 의무를 다하지 않은 책임을 물어 벌과금을 부과하기도 한다.

결국, 인건비 신고를 하지 못하면 신고하지 못한 금액만큼 이익이 증가되어 추가로 세금을 부담하게 된다. 인건비 신고를 국세청에 하게 되면 4대 보험 가입도 해야 한다. 4대 보험료 부담을 이유로 인건비 신고를 하지 않아 억울한 세금을 내는 일은 없어야 하겠다.

아르바이트생 급여 신고하기 ✍️

일반적으로 아르바이트생을 일용직 근로자라 부른다. 일용직 근로자의 세금 계산은 매일 받은 일당에 대해 세금을 부과하고 있다. 즉, 매일매일 받은 일당을 기준으로 세금을 계산한다는 것이다.

일용직 근로자의 세금 계산은 다음과 같은 산식에 의해 계산된다.

일용직 근로자의 근로 소득 계산근거 ✔️

[(일급여액 - 근로 소득 공제) × 세율] - 근로 소득 세액 공제 = 소득세

일급여액 - 15만 원의 근로 소득 공제 = 과세표준

과세표준 × 세율(6%) = 산출세액

산출세액 - 근로 소득 세액 공제(산출세액 × 55%) = 소득세

<예시>

일당 187,000원 - 150,000원 = 37,000원

37,000 × 6% = 2,220원

2,220원 - 1,221원 (2,220 × 55%) = 999원(소액부징수이므로 납부하지 않

아도 됨)

즉, 일용직 일당 187,000원 일 경우 소득세 납부세액 없음 (※소액부징수 :

1회 납부세액이 1,000원 미만인 경우 납부의무 면제)

일용직 근로자의 근로 소득 공식 단순화 ✔

[일급여액 - 근로 소득 공제(15만 원)] × 2.7% = 소득세

[187,000원 - 150,000원] × 2.7% = 999원

일용직에 대한 급여 신고는 매월 10일에 세무서에 신고해야 한
다. 일용직의 경우 매월 신고 대상자와 금액도 바뀌게 된다. 따라서
지급할 때마다 신고에 관련된 서류를 챙겨야 한다. 기본적으로 입
사할 때 이력서와 통장 사본, 신분증 사본 등을 챙겨두면 신고 때마
다 수고를 덜 수 있다. 일용직은 매월 세무서에만 급여 신고하는 것
이 아니라 근로복지공단에도 매월 근로 내역 확인서를 제출해야 한
다.

세무서에는 매월 10일까지 일용직 급여 신고, 분기별 지급조서

제출(1~3월에 대해 4월 말까지 제출), 근로복지공단에 매월 말일까지 근로 내역 확인서를 제출해야 한다.

4대 보험이란? ✍️

4대 보험이란 정부가 관리하는 '사회 보험'으로 국민연금 보험, 건강 보험, 고용 보험, 산재 보험을 말한다. 국민에게 발생하는 질병, 상해, 실업, 노령 등 사회적 위험으로부터 보험의 방식으로 대처하여 국민의 건강과 소득을 보장하는 제도로 의무적으로 가입해야 한다.

사회 보험의 특징

구 분	사회 보험	민간 보험
보험대상	인(人) 보험	인(人), 물(物) 보험
제도의 목적	최저 생계 또는 의료 보장	개인적 필요에 따른 보장
보험 가입	의무	임의
수급원	법적 수급원	계약적 수급원
운영 주체	정부 및 공공기관	민간기업
부담 대상	공동 부담	본인 부담
보험료 산정 방식	정률제	소득 정률제
보험료 수준	위험률 상당 이하 요율	경험률
보험자의 위험선택	불필요	필요
급여 수준	균등 급여	기여 비례
인플레이션 대책	가능	취약
성격	집단보험	개별보험

의무 가입이 필요한 이유는 민간 보험을 통해 자율적으로 운영할 경우, 위험이 큰 사람만 선택적으로 가입하게 되어 재정 파탄의 우려와 영리 추구를 위한 보험사의 선별적 가입 등으로부터 전 국민이 보호받을 수 없기 때문이다.

국민연금 누가 가입해야 하나? ✍

국내에 거주하는 만 18세 이상 60세 미만의 국민은 누구나 국민연금에 가입해야 한다.

가입대상자 ❤

종류	가입대상	가입 구분
사업장 가입자	1인 이상의 근로자를 사용하는 사업장(직장) 또는 주한 외국기관에 근무하는 18세 이상 60세 미만의 근로자와 사용자	의무 가입
지역가입자	국내에 거주하는 18세 이상 60세 미만의 국민 및 외국인으로서 사업장 가입자가 아닌 사람	의무 가입
임의가입자	일반적인 의무 가입대상에서 제외되는 사람으로서 60세 이전에 본인의 신청에 의해 국민연금에 가입한 사람	희망 가입
임의계속가입자	60세에 도달하여 국민연금 가입자 자격을 상실하였으나, 본인의 신청에 의해 가입한 사람	희망 가입
가입 제외자	①1개월 미만의 일용 근로자 또는 1개월 미만의 기간제 근로자 ②1월간의 소정 근로 시간이 60시간 미만인 단시간 근로자 ③타 공적연금 가입자 ④노령 연금수급권을 취득한 자 중 60세 미만 특수직종 근로자 ⑤조기 노령 연금 수급권을 취득하고 그 지급이 정지되지 아니한 자 ⑥퇴직연금 수급권자 ⑦국민기초 생활보장법에 의한 수급자	가입 불가

외국인가입자 ✔

우리나라에 거주하고 있는 18세 이상 60세 미만의 외국인도 국민연금에 가입해야 한다. 다음과 같은 경우는 가입대상에서 제외된다.

가입대상 제외자 ✔

① 연수생(연수 취업은 가입대상), 유학생, 외교관 등 법령에 의해 국민연금 의무 가입을 제외한 경우

② 국민연금과 같은 성격의 연금 제도에서 대한민국 국민을 의무적으로 가입시키지 않는 나라의 국민: 해당 외국인의 본국법이 국민연금법에 의한 "국민연금에 상응하는 연금(국민연금과 같은 성격의 연금 제도로서 사회경제적 위험 분담 형태의 소득 보장 제도)"에 관하여 대한민국 국민에게 적용되지 않는 경우

③ 우리나라와 사회 보장 협정을 맺은 나라에서 우리나라로 파견된 근로자가 본국의 가입 증명서를 제출할 경우

국가별 가입대상 여부(외국 연금 제도 조사 내용. 2020.02.12. 현재 132개국) ✔

  - 연금 제도가 확인되지 않은 국가의 외국인은 국민연금 당연 가입대상임

  - 해당국가의 연금 제도에 따라 향후 변경될 수 있음.

구분	국가
사업장·지역 당연 적용국 (76개국)	가이아나, 카보베르데(까뽀베르데), 그리스, 네덜란드, 노르웨이, 뉴질랜드, 도미니카(연방), 독일, 덴마크, 라트비아, 러시아, 루마니아, 룩셈부르크, 리비아, 리투아니아, 리히텐쉬타인(리히텐슈타인), 모나코, 모로코, 모리셔스, 몬테네그로, 몰도바, 몰타, 미국, 바베이도스, 바하마, 버뮤다, 벨기에, 불가리아, 브라질, 세르비아, 수단, 세인트빈센트그레나딘, 스위스, 스웨덴, 스페인, 슬로바키아(슬로바크), 슬로베니아, 아르헨티나, 아이슬란드, 아일랜드, 알바니아, 아제르바이잔, 에스토니아, 영국, 오스트리아, 오스트레일리아(호주), 우루과이, 우즈베키스탄, 우크라이나, 이스라엘, 이집트, 이탈리아, 일본, 자메이카, 중국, 체코, 칠레, 캐나다, 콜롬비아, 크로아티아, 키프로스, 탄자니아(1), 터키, 토고, 튀니지, 트리니다드토바고, 파나마, 팔라우, 페루, 포르투갈, 폴란드, 프랑스, 핀란드, 필리핀, 헝가리, 홍콩
사업장 당연적용, 지역 적용 제외국 (35개국)	가나, 가봉, 그레나다, 타이완(대만), 라오스, 레바논, 멕시코, 몽골, 바누아투, 베네수엘라, 벨리즈, 볼리비아, 부룬디, 부탄, 스리랑카, 시에라리온, 아이티, 알제리, 에콰도르, 엘살바도르, 예맨(공화국), 요르단, 우간다, 인도, 인도네시아, 짐바브웨, 카메룬, 카자흐스탄, 케냐, 코스타리카, 코트디부아르, 콩고, 키르기스스탄, 타이(태국), 파라과이
사업장·지역 적용 제외국 (21개국)	그루지야, 나이지리아, 남아프리카공화국, 네팔, 티모르민주공화국(동티모르), 말레이시아, 몰디브, 미얀마, 방글라데시, 베트남, 벨로루시, 사우디아라비아, 싱가포르, 스와질란드(스와질랜드), 아르메니아, 에티오피아(이디오피아), 이란(사회 보장협정에 의함), 캄보디아, 통가, 파키스탄, 피지

① 사업장 가입자는 다음 국가를 제외하고 1995년 8월 4일 이후부터 당연 가입
: 탄자니아(1998.7.1. 이후), 말레이시아(1998.8.1. 이후), 라오스(2001.6.1. 이후), 러시아(2001.12.15. 이후), 시에라리온(2002.1.1. 이후), 터키(2003.7.29. 이후), 우크라이나(2004.1.1. 이후), 리투아니아(2005.1.1. 이후), 아제르바이잔(2006.1.1.이후), 이집트(2020. 2.12. 이후)

②지역가입자는 다음 국가를 제외하고 1999년 4월 1일 이후부터 당연 가입
: 루마니아(2001.1.1. 이후), 스페인(2000.1.12. 이후), 러시아(2001.12.15. 이후), 우크라이나(2004.1.1. 이후), 리투아니아(2005.1.1. 이후), 아제르바이잔(2006.1.1. 이후), 파나마(2007.1.1. 이후)

③ 사업장 당연 적용국에서 사업장 적용 제외국으로 변경
: 아르메니아(1998.1.1. 이후), 나이지리아(2014.5.29. 이후), 말레이시아(2014.9.15. 이후)

④ 지역 적용 제외국에서 지역 당연 적용국으로 변경
: 토고(2014.10.31. 이후), 터키(2014.11.12. 이후), 수단(2014.11.17. 이후), 칠레(2015.1.13. 이후), 세인트빈센트그레나딘(2015.1.20. 이후), 페루(2019.1.1. 이후), 콜롬비아(2019.6.17. 이후)

체류 자격별 가입대상 여부 ✔

체류 자격 (대분류)	법명	국민연금 당연 적용 여부
A-1	외교	당연 적용 제외
A-2	공무	당연 적용 제외
A-3	협정	당연 적용 제외
B-1	사증면제	당연 적용 제외
B-2	관광 통과	당연 적용 제외
C-1	일시 취재	당연 적용 제외
C-3	단기 방문	당연 적용 제외
C-4	단기 취업	당연 적용 제외
D-1	문화예술	당연 적용 제외
D-2	유학	당연 적용 제외
D-3	기술연수	당연 적용 제외
D-4	일반연수	당연 적용 제외
D-5	취재	당연 적용
D-6	종교	당연 적용 제외
D-7	주재	당연 적용
D-8	기업 투자	당연 적용
D-9	무역 경영	당연 적용
D-10	구직	당연 적용
E-1	교수	당연 적용
E-2	회화	당연 적용
E-3	연구	당연 적용
E-4	기술 지도	당연 적용
E-5	전문 직업	당연 적용
E-6	예술흥행	당연 적용
E-7	특정 활동	당연 적용
E-8	계절 근로	당연 적용
E-9	비전문 취업	당연 적용
E-10	선원취업	당연 적용
F-1	방문 동거	당연 적용 제외
F-2	거주	당연 적용
F-3	동반	당연 적용 제외
F-4	재외 동포	당연 적용
F-5	영주	당연 적용
F-6	결혼이민	당연 적용

1일 마스터! 성공 창업을 위한 실전 세무

G-1	기타	당연 적용 제외
H-1	관광 취업	당연 적용
H-2	방문취업	당연 적용

건강 보험료 산정에 제외되는 보수가 있다 ✍

건강 보험 가입대상은 상시 1인 이상의 근로자를 사용하는 사업장에 고용된 근로자로 다음에 해당하는 경우에는 가입대상에서 제외된다.

가입대상자 ✔

① 1개월 미만의 일용 근로자(건설 일용 근로자의 경우 월 8일 이상 근로 시에 직장가입자로 적용)

② 비상근 근로자 또는 월 60시간 미만인 단시간 근로자

③ 비상근 교직원 또는 월 60시간 미만인 시간제 공무원 및 교직원 등

보험료 산정 ✔

1. 보수월액 보험료(2020년도 기준)

건강보험료 = 보수월액×보험료율 (6.67%=근로자 3.335%+사용자 3.335%)

장기요양보험료 = 건강보험료 x 장기요양보험료율(10.25%)

2006.12월 이전 건강보험료 산정 : 표준 보수월액×보험료율

표준보수월액 : 표준보수월액 등급표('07.01.01 폐지) 참조

2. 보수 외 소득월액 보험료(2020년 기준)

건강보험료 = (연간 보수 외 소득 - 3천 400만 원) ÷ 12월 × 소득 평가율

× 건강보험료율(6.67%)

① (연간 보수 외 소득 - 3천 400만 원) ÷ 12월 = 소득월액

② (소득월액 × 소득 평가율) × 건강보험료율 = 소득월액 보험료

※ 소득 평가율: 사업·이자·배당·기타 소득(100%), 연금·근로 소득(30%)
※ 2018. 6월 이전 소득월액 건강보험료 산정: 연간 보수 외 소득 × 소득 평가율 ÷
12월 × 건강보험료율 × 50/100

3. 장기요양보험료 = 건강보험료 x 장기요양보험료율(10.25%)

보험료 산정에 제외되는 보수 ✔

구 분	보험료 산정에 포함되는 금품	보험료 산정에 포함되지 않는 금품
보수 월액 산정 기준	·근로의 제공으로 인하여 받는 봉급,급료,보수,세비, 임금 상여, 수당과 이와 유사한 성질의 금품 ·직장가입자 본인 및 자녀의 학자금 (소득세법시행령 제11조 규정에 의한 학자금은 제외) ·소득세법 제12조제3호 규정에 의한 비과세중 ·차목: 외국 정부 또는 국제기관에 근무하는 외국인이 받는 급여 ·파목: 작전임무 수행을 위하여 외국에 주둔중인 군인, 군무원이 받는 급여 ·거목: 국외 또는 북한지역에서 근로를 제공하고 받는 근로 소득중 비과세 소득	·퇴직금 ·현상금 번역료 및 원고료 「소득세법」에 따른 비과세 근로 소득, 다만, 제12조 제3호 차목·파목 및 거목은 제외 ·비과세 예시) ① 식대: 식사, 기타 음식물을 제공받지 아니하는 근로자가 받는 월 10만 원 이하의 식사대 ② 자가운전보조금(교통비): 근로자 본인 소유차량(부부 공동 명의 포함)으로 근로자가 직접 운전하여 사용자의 업무 수행에 이용하고, 실제 여비를 받는 대신 소요 경비를 사업장의 규칙에 의해 지급받는 금액 중 월 20만 원 이내의 금액 ③ 생산직 근로자가 받는 야간 근로 수당 등: 소득세법 시행령 제17조 제1항에 의거 월정액급여 210만 원 이하로서 (2019년 귀속분부터 적용) 직전 과세기간의 총 급여액이 2,500만 원 이하인 생산직 근로자가 근로기준법에 의해 연장, 야간 또는 휴일근로로 인하여 통상임금에 가산하여 받는 급여 중 240만 원 한도에서 보수 제외

고용 보험료 계산하기 ✍

　고용 보험은 근로자의 실업을 예방하고 고용을 촉진하며 근로자의 직업 능력 개발과 향상 등으로 생활 안정 및 재취업을 지원하는 제도이다. 1인 이상의 근로자를 고용하는 모든 사업자는 고용 보험에 가입해야 한다. 다만, 산업별 특성 및 규모를 고려하여 적용 제외 사업을 대통령령으로 정하고 있다.

적용 제외 사업 ✔️

① 농업·임업·어업 중 법인이 아닌 자가 상시 4명 이하의 근로자를 사용하는 사업

② 다음 각 목의 어느 하나에 해당하는 공사. 다만, 고용 보험법 제15조 제2항 각 호에 해당하는 자가 시공하는 공사는 제외한다.

가. 보험료징수법 시행령 제2조 제1항 제2호에 따른 총 공사금액이 2천만 원 미만인 공사

나. 연면적 100㎡ 이하인 건축물의 건축 또는 연면적 200㎡ 이하인 건축물의 대수선에 관한 공사

③ 가구 내 고용활동 및 달리 분류되지 아니한 자가소비 생산 활동

적용 제외 근로자 ✔️

① 65세 이후 고용되거나 자영업을 개시한 자(실업 급여는 적용 제외하였으나 고용 안정·직업 능력 개발 사업은 적용). 다만, 65세 전부터 피보험자격을 유지하던 사람이 65세 이후 계속하여 고용된 경우 실업 급여 등 고용보험 전 사업 적용(19.1.15. 시행)

② 1개월간 소정 근로 시간이 60시간(1주간 소정 근로 시간이 15시간) 미

1일 마스터! 성공 창업을 위한 실전 세무

만인 자. 다만, 3개월 이상 계속하여 근로를 제공하는 자와 1개월 미만으로 고용되는 일용 근로자는 적용대상임.

③ 「국가공무원법」과 「지방공무원법」에 따른 공무원. 다만, 별정직 공무원 및 임기제 공무원의 경우는 본인 의사에 따라 가입 가능(실업 급여만 가능).

④ 「사립학교 교직원 연금법」의 적용을 받는 자

⑤ 외국인 근로자. 다만, 고용 보험법 시행령 제3조의3 각 호에 해당하는 경우에는 고용 보험법의 전부 또는 일부 적용대상임

⑥ 「별정 우체국법」에 따른 별정 우체국 직원

고용 보험 보험료율 ✔

고용 보험 사업별 구분		사업주	근로자
실업 급여		0.8%	0.8%
고용 안정·직업 능력 개발 사업	150인 미만 사업	0.25%	
	150인 이상 사업(우선지원 대상기업)	0.45%	
	150인 이상~1,000인 미만 사업 (우선지원 대상기업 비해당)	0.65%	
	1,000인 이상 사업 (우선지원 대상기업 비해당) 국가 및 지방자치단체가 직접 행하는 사업	0.85%	

150인 미만 사업자인 경우 월 급여 300만 원 일 때 고용 보험료는, 직원의 경우 급여 300만 원에 근로자 실업 급여 부담분 0.8%를 곱하면 24,000원, 사업주는 직원 급여 300만 원에 사업주 실업 급여 부담분 0.8%와 고용 안정 · 직업 능력 개발 사업 부담분 0.25%(150인 미만 사업)를 곱한 금액을 더한 31,500원을 부담하게 된다.

우선지원 대상기업 ✔️

우선지원 대상기업이란, 「고용 보험법 시행령」 12조에 따라 정부가 경영,

고용 환경 등에 상대적으로 취약한 기업에 고용 안정 사업 및 직업능력 개

발 사업에서 다양한 우대혜택을 우선적으로 지원하는 기업이다.

1. 산업별 상시 근로자 수가 아래 해당하는 사업

한국 표준 산업 분류(대분류)	상시 근로자 수
제조업 (다만, 산업용 기계 및 장비 수리업은 그 밖의 업종으로 본다)	500명 이하
광업, 건설업, 운수업, 정보통신업, 전문과학 및 기술 서비스업, 보건 및 사회복지서비스업,사업시설관리 및 사업 지원 서비스업 (다만, 부동산 이외 임대업은 그 밖의 업종으로 본다)	300명 이하
도소매, 음식·숙박업, 금융·보험업, 예술·스포츠·여가관련 서비스업	200명 이하
그 밖의 업종: 농업·임·어업, 부동산, 교육 서비스업, 전기, 가스, 중기 및 공기 조절 공급업,수도, 하수 및 폐기물 처리, 원료재생업, 공공행정, 국방 및 사회 보장행정, 협회·단체, 수리 및 기타 개인서비스업, 가구 내 고용 활동 및 달리 분류되지 않은 자가소비 생산 활동, 국제 및 외국기관	100명 이하

2. 「중소기업기본법」 제2조제1항 및 제3항의 기준에 해당하는 기업

3. 위 1호 또는 2호에 해당하더라도 「독점규제 및 공정거래에 관한 법률」

제14조 제1항에 따라 지정된 상호 출자 제한 기업 집단에 속하는 회사는

그 지정된 날이 속하는 보험 연도의 다음 보험 연도부터 우선 지원 대상

기업으로 보지 아니함.

산재 보험료는 사업주가 전액 부담한다 ✍

산재 보험제도는 국가가 사업주로부터 소정의 보험료를 징수하여 그 기금으로 사업주를 대신하여 산재 근로자에게 보상함으로써 치료와 생계, 사회 복귀를 지원하고, 산재 근로자 및 그 가족에게는 생활 안정을 지원한다. 사업주에게는 재해 발생으로 인해 기업이 부담해야 하는 보상 비용을 지원하여 정상적인 기업 활동을 보장한다. 산재 보험료는 사업주 전액 부담이 원칙이다.

산재 보험 가입대상은 근로자를 사용하는 모든 사업 또는 사업장은 산재 보험 적용대상이다. 다만 산업별 특성 및 규모 등을 고려하여 적용 제외 사업을 대통령령으로 정하고 있다.

적용 제외 사업 ✔

① 「공무원 재해보상법」 또는 「군인연금법」에 따라 재해보상이 되는 사업. 다만, 「공무원 재해보상법」 제60조에 따라 순직 유족 급여 또는 위험직무 순직 유족급여에 관한 규정을 적용받는 경우 제외.

② 「선원법」, 「어선원 및 어선 재해보상보험법」 또는 「사립학교교직원 연금법」에 따라 재해보상이 되는 사업.

③ 가구 내 고용 활동.

④ 농업, 임업(벌목업 제외), 어업 및 수렵업 중 법인이 아닌 자의 사업으로

서 상시 근로자 수가 5명 미만인 사업.

보험료 산정 기준 ✔️

① 비건설업 : '개인별 월평균 보수'에 '보험료율'을 곱하여 산정한 산재 보험료는 매월 근로복지공단이 부과하고 다음 달 10일까지 납부한다.

산재 보험료 = 개인별 월평균 보수 × (사업 종류별 보험료율 + 출퇴근 재해 보험료율)

② 건설업, 벌목업 : 사업주가 직접 당해 연도 '보수총액 추정액'에 '보험료율'을 곱한 금액(=개산보험료)을 당해 연도 3월 31일까지 근로복지공단에 자진 신고·납부한다.

산재 보험료 = 당해 연도 보수총액의 추정액 × (사업 종류별 보험료율 + 출퇴근 재해 보험료율)

4대 보험 꼭 가입해야 하나? ✍️

4대 보험 가입은 직원 채용 시 걸림돌이 된다고 많이들 말한다. 하지만 이에 대한 부담은 예전에 비하면 많이 줄어들었다. 그러나 여전히 4대 보험 가입을 꺼리는 근로자들이 있다. 근로자들이 4대 보험 가입을 꺼리는 이유는 여러 가지가 있다. 그중 가장 많은 이유는 4대 보험료 공제로 인해 실수령액이 적어진다는 것이다. 그리고 배우자가 있는 경우 2중으로 국민연금, 건강 보험료를 납부하기 싫다는 것도 이유 중 하나이다.

국민연금의 경우 보험료는 회사 부담이 4.5%, 근로자 부담이 4.5%로 급여의 9%를 납부하게 된다. 건강 보험료도 회사가 3.67%, 근로자가 3.67%를 부담하게 된다. 고용 보험료는 회사가 1.05%, 근로자가 0.8%를 부담하고 산재 보험료는 회사가 전액부담하게 된다. 즉, 직원이 부담하는 보험료는 국민연금 4.5%, 건강 보험료 3.67%, 고용 보험료 0.8%로 총 8.97%를 부담하게 된다.

이 중 건강 보험료와 고용 보험료는 소멸되는 보험료이다. 즉 근로자가 부담한 총 보험료 8.97% 중 4.5%는 연금 보험료로 소멸되지 않고, 건강 보험료와 고용 보험료로 부담한 4.47%만이 소멸된다는 것이다. 국민연금 4.5%는 저축성에 가깝기 때문에 소멸되지는 않는다. 실제 근로자가 아깝게 생각하는 보험료는 소멸된 건강 보험과 고용 보험 4.47%이다.

정확하게 얘기하면 근로자가 부담하는 4대 보험료는 없다(이는 필자의 사적인 생각임을 밝혀둔다). 회사가 부담해 준 4.5%의 연금 보험료는 소멸되지 않고 그대로 남아있기 때문이다. 즉 저축의 형태로 남아

있기에 근로자가 부담한 소멸성 보험료 4.47%를 차감하고도 0.03%
가 저축된다는 것이다. 다시 말하자면 4대 보험료를 가입해도 근로자
는 추가로 납부하는 금액이 없다는 것이다. 필자의 의견이 다소 억지
스럽게 느껴질 수도 있지만 실제 근로자들이 4대 보험 가입을 꺼릴
때 설명하는 내용을 그대로 옮겨 놓았다.

4대 보험은 국민에게 발생하는 사회적인 위험으로부터 대처하고
국민의 건강과 소득을 보장하는 제도로 선택이 아닌 의무적으로 가
입해야하는 의무 보험이다. 사업주는 4대 보험을 정상적으로 가입하
고 싶어도 근로자의 거부로 인해 피해 보는 일이 없기를 바란다.

4대 보험을 가입하지 않아도 되는 근로자가 있다 ✍

음식점 등 영세 자영업자들은 4대 보험료가 너무 부담된다고 상담
해 오기도 한다. 직원 채용 시 4대 보험 가입을 조건으로 하면 입사를
하지 않는다는 것이다. 시간제 근로의 경우 4대 보험료를 차감하면
실수령액이 적어서 입사를 꺼린다는 것이다. 때문에 혹시 4대 보험을
가입하지 않아도 되는 근로자가 있냐는 질문을 받곤 한다.

단시간 근로자의 경우 4대 보험 가입을 하지 않아도 된다. 그러나

조건이 있다. 단시간 근로자란 월 소정 근로 시간이 60시간 미만인 근로자를 말한다. 4주를 평균하여 1주 동안의 소정 근로 시간이 15시간 미만인 근로자의 경우 주휴, 연차 유급 휴가, 퇴직 급여를 지불하지 않아도 된다. 4대 보험료와 주휴 수당, 연차 유급 휴가는 주지 않아도 된다. 인건비 부담이 줄어들어 최근 편의점, 음식점 등 영세 사업장을 운영하는 사장님들이 주로 활용하고 있다.

단시간 근로자 4대 보험

구분	근로 조건	적용여부
국민연금	1개월 소정 근로 시간 60시간 (주 15시간) 미만	X
건강 보험	1개월 소정 근로 시간 60시간 (주 15시간) 미만	X
고용 보험	1개월 소정 근로 시간 60시간 (주 15시간) 미만	X (단, 3개월 이상 근로를 제공하는 경우는 가입대상)
산재 보험	1개월 소정 근로 시간 60시간 미만	적용

인적 용역 사업 소득일까? 기타 소득일까? ✍

사업자 등록을 하지 않은 개인으로부터 인적 용역을 공급받고 용역비를 지급하는 경우, 사업 소득으로 신고해야 하는지, 기타 소득으로 신고해야 하는지를 물어오는 경우가 많이 있다. 고용 관계없이 독립된 자격으로 용역을 제공하는 경우 일시적·우발적 제공이면 기타 소득에 해당하고, 계속적·반복적 제공은 사업 소득으로 분류해야 한다. 즉, 인적 용역이 계속성과 반복성이 있는지 여부를 고려해서 판단해야 한다.

부가가치세법 시행령 제42조 【인적 용역의 범위】

법 제26조 제1항 제15호에 따른 인적(人的) 용역은 독립된 사업(여러 개의 사업을 겸영하는 사업자가 과세 사업에 필수적으로 부수되지 아니하는 용역을 독립하여 공급하는 경우를 포함한다)으로 공급하는 다음 각 호의 용역으로 한다. <개정 2019. 2. 12.>

1. 개인이 기획재정부령으로 정하는 물적 시설 없이 근로자를 고용하지 아니하고 독립된 자격으로 용역을 공급하고 대가를 받는 다음 각 목의 인적 용역

가. 저술·서화·도안·조각·작곡·음악·무용·만화·삽화·만담·배우·성우·가수 또는 이와 유사한 용역
나. 연예에 관한 감독·각색·연출·촬영·녹음·장치·조명 또는 이와 유사한 용역
다. 건축 감독·학술 용역 또는 이와 유사한 용역
라. 음악·재단·무용(사교 무용을 포함한다)·요리·바둑의 교수 또는 이와 유사한 용역
마. 직업운동가·역사·기수·운동 지도가(심판을 포함한다) 또는 이와 유사한 용역
바. 접대부·댄서 또는 이와 유사한 용역
사. 보험 가입자의 모집, 저축의 장려 또는 집금(集金) 등을 하고 실적에 따라 보험 회사 또는 금융기관으로부터 모집수당·장려수당·집금수당 또는 이와 유사한 성질의 대가를 받는 용역과 서적·음반 등의 외판원이 판매실적에 따라 대가를 받는 용역
아. 저작자가 저작권에 의하여 사용료를 받는 용역
자. 교정·번역·고증·속기·필경(筆耕)·타자·음반취입 또는 이와 유사한 용역

사업 소득으로 지급하는 경우에는 3.3%를 사업 소득세로 원천 징수하면 된다. 사업소득자의 경우 사업자 등록이 없는 개인 사업자와

같다. 따라서 종합 소득세 신고를 해야 한다. 가끔 3.3% 원천 징수를 하였기에 세무 신고가 마감된 것으로 잘못 알고 5월 소득세 신고 기한을 넘기고 찾아오는 경우가 가끔 있다.

기타 소득으로 지급하는 경우에는 지급액의 22%(소득세20%, 주민세2%)를 원천 징수한다. 기타 소득의 전체 수입에서 필요 경비로 60%(2019년)을 공제한 금액에 대해 22%의 세금을 원천 징수한다. 이때 필요 경비를 뺀 소득 금액이 300만 원을 넘으면 무조건 종합 소득세 신고를 해야 한다.

2019년 강사료 500만 원 지급 시 기타 소득으로 원천 징수 ✔

→ 500만 원 - (500만 원 × 60%) - 22% = 44만 원,

→ 500만 원 - 8.8% = 44만 원

(총지급액의 8.8%로 간편하게 계산해도 됨) *강사로 예를 든 경우

이 경우, 소득 금액은 강사료 500만 원-필요 경비(500만 원× 60%=200만 원으로 종합 소득세 신고 의무가 없다. (소득 금액 300만 원이 넘으면 종합 소득세 합산 신고해야 함)

노동자 30인 미만 사업장은
일자리 안정 자금을 지원 받을 수 있다 ✍️

    일자리 안정 자금은 최저 임금 인상에 따른 소상공인 및 영세중소기업의 경영 부담을 완화하고, 저임금 노동자의 고용 불안을 해소하기 위해 사업주에게 인건비 일부를 지원해 주는 제도이다. 지원요건에 해당하는 노동자 1인당 월 11만 원(5인 미만), 9만 원(5인 이상) 지원, 주 40시간 미만 노동자는 근로 시간 비례하여 지원한다.

    사업주가 지급을 희망하는 월을 기준으로, 직전 3개월간 매월 말일 현재 상시 사용하는 평균 노동자 수가 30인 미만인 경우에 지원이 가능하다. 노동자에는 상용, 임시, 일용 등 모든 노동자를 포함한다. 단, 사업주와 특수 관계인(배우자·직계존속)은 제외된다.

    30인 미만 사업(주)이라도 개인 사업자는 '사업 소득 금액', 법인은 '당기순이익'이 3억 원을 초과한 경우에는 지원에서 제외되고, 임금 체불로 명단이 공개 중인 사업주와 국가 등으로부터 인건비 재정 지원을 받고 있는 사업주 또는 근로자는 제외된다.

    사업주는 안정 자금을 지원받는 기간에는 '고용 조정'으로 안정 자금 지원 대상 노동자를 퇴직시킬 수 없으며, 불가피하게 퇴직시킬 경우 퇴직 사유를 소명해야 한다.

2019년 7월 1일 부터 30인 이상 사업장의 경우 고용 조정 발생 시 소명 여부와 상관없이 무조건 일자리 안정 자금 지원이 중지되므로 주의가 필요하다.

일자리 안정 자금을 지원 받을 수 있는 노동자는? ✍

일자리 안정 자금을 지원 받을 수 있는 조건이 충족된 사업장이라면 안정 자금 지원 대상 노동자를 검토해야 한다. 고용된 모든 노동자가 일자리 안정 자금 지원 대상이 되지는 않는다. 월 보수액 215만 원 이하 노동자를 고용한 경우에만 지원 받을 수 있다. 보수액에는 비과세 소득(월 10만 원 이하 식대, 실비변상 적금품 등)을 제외하고 노동자에게 지급되는 모든 보수의 총액(기본급+통상적 수당+연장 근로 수당 등)을 말한다.

일용 노동자는 1일 8시간 기준 9만 9천 원 이하로 최저 시급(2020년) 8천 590원 이상이어야 한다. 단시간(시간제) 노동자의 경우에는 소정 근로 시간에 비례하여 월 보수액이 최저 임금 100~120% 범위 내인 경우에 지원 가능하다.

상용 근로자 및 단시간 노동자는 신청일 현재 고용 중이고, 이전 1개월 이상 고용이 유지된 경우에 지원할 수 있다. 일용직 노동자는 신청일 이전 1개월 동안 10일 이상 실근무한 경우 1개월 이상 고용 유지한 것으로 본다. 일용 근로자, 계절 근로자의 경우에는 근로 특성 및 신청 방법 등을 고려하여 퇴사자라고 하더라도 계속 지원 가능하다.

또한 일자리 안정 자금은 최저 임금 상승으로 인해 어려워진 소상공인 · 중소기업에 대한 지원이기 때문에 사업주는 반드시 최저 임금을 준수해야 한다. 또한 고용 보험 가입대상자는 고용 보험에 가입하여야 한다.

만 55세 이상 고령자도 일자리 안정 자금을 받을 수 있다. 만 55세 이상 고령자를 고용한 경우 월 보수가 215만 원 미만이라면 안정 자금 지원을 받을 수 있다. 30인 이상 사업장도 고용 여건 개선 및 사각지대 해소를 위해 지원 대상을 확대하였다.

만 55세 이상 고령자를 고용한 300인 미만 사업장과 고용위기지역·산업위기대응특별지역 소재 300인 미만 사업장(군산시, 거제시, 통영시, 고성군, 창원시 진해구, 울산시 동구, 전남 영암군, 목포시, 해남군), 취약 계층 노동자 고용 사회서비스 제공 기관은 기업 규모에 상관없이 지원해 준다.

4장

세금? 절세? 증빙? 이게 다 뭐지?

01

증빙은 절세의 지름길이다

증빙을 알아야 성공할 수 있다 ✍

사업 관련 지출이 발생할 경우 반드시 지출 관련 증빙을 챙겨야 한다. 지출 사실을 증명하는 '증빙'을 챙기지 못하면 절세할 수 없다.

소득세는 수익에서 비용을 뺀 소득 금액을 기준으로 계산된다.

만약에 지출에 대한 증빙 1천만 원을 받지 못했다면 소득세를 얼마나 더 내야할까? 소득세율(6%~42%)에 따라 적게는 60만 원에서 420만 원까지 더 낼 수 있다.

> 수입 금액-필요 경비=소득 금액

증빙은 소득세뿐만 아니라 부가가치세도 줄여준다. 부가가치세를 줄이기 위해서는 매입세액 공제와 관련된 증빙을 챙겨야 한다. 부가가치세 매입세액 공제를 받기 위해서는 세법에 맞는 증빙을 받아야 한다. 즉, '적격 증빙'을 받아야만 부가가치세를 줄일 수 있다.

대표적인 적격 증빙은 세금 계산서 및 계산서, 현금 영수증과 신용카드 매출전표 등이 있다.

> 부가가치세= 매출 세액-매입세액

증빙을 어떻게 관리하고 어떤 증빙을 받아야 하는지가 절세의 핵심 포인트다. 성공을 원하는 초보 사장이라면 반드시 증빙을 알아야만 한다.

증빙에도 격이 있다, 지출 증빙의 두 가지 ✍️

영수증 등 증빙 자료에 의해 사업과 관련된 거래 사실을 기록하는 것을 '기장'이라 한다. 기장하려면 증빙 서류가 있어야 한다. 증빙 서류가 갖춰지지 않으면 기장을 할 수 없고, 비용으로도 인정받지 못해 세금을 더 내게 된다.

지출이 100만 원이면 증빙도 100만 원을 받아야 한다.

> 지출 100만 원 = 증빙 100만 원

증빙 서류는 비용이 발생할 때마다 챙겨 놓아야 한다. 사업자로부터 받는 증빙의 형태는 여러 가지가 있다. 사업자가 자주 받는 증빙에는 세금 계산서, 계산서, 신용카드, 현금 영수증, 간이 영수증, 거래 명세서, 입금표, 지출 결의서 등이다.

증빙은 크게 정규 지출 증빙과 비정규 지출 증빙 두 가지로 나눌 수 있다. 증빙에도 격이 있는 것이다. '정규 지출 증빙'은 법인세법 또는 소득세법에서 규정하고 있는 증빙 서류가 해당되고, '비정규 지출 증빙'은 정규 지출 증빙 외에 약식으로 거래사실을 증명하는 증빙 서류를 말한다.

정규 지출 증빙의 종류 ✔

1) 세금 계산서

2) 계산서

3) 신용카드 매출전표

4) 현금 영수증

비정규 지출 증빙의 종류 ✔️

1) 간이 영수증

2) 거래 명세서

3) 입금표

4) 지출 결의서

'정규 지출 증빙'이 절세의 첫 걸음이다 ✍️

사업과 관련하여 지출이 발생할 때 많이 물어보는 질문이 있다. 어떤 증빙을 받아야 세무적으로 문제가 없는지, 간이 영수증으로 받았는데 경비 처리가 되는지, 부가가치세를 줄이려면 어떻게 해야 하는지 등이다.

정답은 "정규 지출 증빙"이다. 정규 지출 증빙을 받으면 세무적으로 문제가 되지 않고, 경비로도 인정받을 수 있고, 부가가치세도 줄일 수 있다.

조금 전 간략히 설명한 것과 같이, 법인세법 또는 소득세법에서 규정하는 정규 지출 증빙의 종류는 세금 계산서, 계산서, 신용카드 매출전표, 현금 영수증이다. 사업자가 사업과 관련하여 재화 또는 용역을 공급받고 그 대가를 지출할 때, 거래 건당 거래 금액(부가가치세 포함)이 3만 원(접대비의 경우 1만 원)을 초과하는 경우에는 반드시 정규 지출 증빙을 받아야 한다. 정규 지출 증빙을 받지 않을 경우 거래대금의 2%에 해당하는 증빙불비가산세를 물어야 한다. 건당 거래 금액이 3만 원 이하인 경우에는 정규 지출 증빙을 받지 않아도 되고, 증빙불비가산세도 부과되지 않는다.

이처럼 사업과 관련된 지출에 대해 정규 지출 증빙을 챙기는 것이 절세의 첫 걸음이다. 정규 지출 증빙 4가지를 좀 더 자세히 알아보자.

세금 계산서 ✔

사업자가 물품을 판매하거나 서비스를 제공할 때 부가가치세 10%를 징수하고 이를 증명하기 위하여 공급받는 자에게 발행해주는 것을 말한다. 부가가치세 신고에 대부분을 차지하는 중요한 증빙으로 매출처와 매입처가 1매씩 보관하며 각각이 신고한 금액이 일치하여야 한다. 두 사업자가 각각 부가가치세 신고를 하고 국세청은 이를 교차로 검사하게 된다. 따라서 세금 계산서가 신고에서 누락되지 않도록 철저한 관리가 필요하다.

계산서 ✔

계산서는 부가가치세가 면제되는 면세 물품을 공급할 때 발행하게 된다. 세금 계산서와 다른 점은 부가가치세 10%를 거래징수하지 않는다는 것이다. 주로 면세 사업자가 발행하게 된다. 그러나 과세 사업자라 하더라도 면세 물품을 공급할 때는 계산서를 발급해야 한다.

신용카드 매출전표 ✔

신용카드 매출전표는 재화 또는 용역을 공급받는 사업자가 신용카드를 사용하고 발급받은 영수증을 말한다. 법인의 경우 법인카드, 개인은 사업용 신용카드 등을 사업과 관련하여 지출하고 발급받게 된다. 선불카드(무기명)는 정규 지출 증빙으로 인정받지 못한다. 따라서 선불카드를 사용했을 경우에 지출 증빙용 현금 영수증 발급을 요청해야 정규 지출 증빙으로 인정받을 수 있다.

현금 영수증 ✔

현금 영수증은 현금으로 물품을 구입하고 이에 대한 증빙으로 발급받는 영수증이다. 일반적으로 근로자가 소득 공제를 받기 위해 요청하게 된다. 그러나 사업자와 관련된 지출일 경우에는 비용으로 인정받기 위해 지출 증빙용 현금 영수증을 발급받아야 한다.

세금 계산서와 계산서가 다른 점은? ✍

"세금 계산서와 계산서의 다른 점이 뭐예요?"

부가가치세 신고 때가 되면 자주 듣는 질문이다. 쉽게 답하자면 세금이 있고 없고의 차이다.

부가가치세 10%를 물건값에 포함해서 청구하느냐 안 하느냐이다. 그럼 어떤 물건에는 부가가치세 10%가 붙고, 어떤 물건에는 안 붙는 것일까?

세금 계산서는 부가가치세가 과세되는 물품이나 서비스를 공급했을 경우 거래 사실을 입증하는 서류이고, 계산서는 부가가치세가 면제되는 물품이나 서비스를 공급했을 경우 발급하게 된다. 즉 부가가치세가 과세되는 과세 거래일 경우에는 세금 계산서, 면세 거래일 경우에는 계산서를 발급하게 된다.

중요한 것은 사업과 관련하여 지출이 되었는데 세금 계산서를 받아야 하는지 계산서를 받아야 하는지 판단하는 게 중요하다. 세금 계산서를 발급받아야 하는데 계산서를 발급받아 부가가치세 공제를 받지 못하는 경우가 발생하기 때문이다.

계산서로 받아야 한다 ✍

부가가치세는 일반 소비세로서 그 과세 대상을 재화 및 용역의 공급, 재화의 수입으로 포괄적으로 규정하고 있지만 세부담의 역진성완화 및 조세 정책적인 고려 등에 의하여 예외적으로 면세 규정을 두고 있다.

부가가치세 면세는 부가가치세가 면세되는 재화 또는 용역을 공급하는 면세 사업자를 위한 제도가 아니라, 재화나 용역을 제공받는 최종 소비자의 부가가치세 부담을 줄여주기 위한 제도이다.

부가가치세가 면제되는 면세품은 기초생활필수품, 국민후생용역, 생산요소 용역, 문화·금융·인적용역 등이 해당된다. 면세 사업자는 면세품에 해당되는 사업만을 영위해야 한다. 그러나 과세 사업과 면세 사업을 겸영할 경우에는 사업자 등록증을 과세 사업자로 변경하면 된다.

1일 마스터! 성공 창업을 위한 실전 세무

면세 적용대상 ✔️

기초생활필수품	- 미가공 식료품 - 국내 생산 비식용 미가공 농·축·수·임산물 - 수돗물(생수는 과세) - 연탄과 무연탄 - 여객 운송용역(시내버스, 지하철) 　(단, 항공기, 고속버스, 전세버스, 고속철도 등 제외→과세)
국민후생용역	- 의료보건 용역과 혈액(미용 목적 성형 등은 과세) - 교육용역(자동차 운전, 무도학원은 과세) - 우표(수집용 우표는 과세) - 인지, 증지, 복권, 공중전화 - 주택의 임대 - 법 소정 제조 담배(20개비 기준 200원 이하) - 처방전 있는 약(처방전 없이 사는 약은 과세)
문화 관련 재화·용역	- 도서, 신문, 잡지 - 예술 창작품(골동품 제외), 예술행사, 문화행사, 비직업 운동경기 - 동물원 식물원, 도서관, 과학관, 박물관 등 - 신문 구독료(신문광고 선전비는 과세)
부가가치 구성요소 용역	- 토지의 공급 - 법 소정 인적 용역 - 금융 보험 용역 　(토지매매-면세, 토지 임대-과세, 주택임대-면세)
기타 재화·용역	- 국가, 지방자치단체, 지방자치단체조합이 공급하는 재화· 용역 - 공익목적단체가 공급하는 법 소정 재화·용역

지출 증빙은 절세의 비밀 병기이다

현금 영수증, 근로자는 '소득 공제용'!
사업자는 '지출 증빙용'! ✍

현금 영수증은 소비자가 현금으로 비용을 지출하고 휴대전화 번호, 주민등록번호, 사업자 등록번호를 알려주면 가맹점이 발급해 준다. 현금 영수증은 소득 공제용과 지출 증빙용으로 구분된다.

소득 공제용은 근로자가 연말 정산 시 소득 공제를 받기 위해 발급받는다. 현금 영수증 사용액의 30%를 공제 받을 수 있다. 근로자가 공제 받을 수 있는 최대한도는 연봉의 20% 또는 300만 원 중 낮은 금액이다.

지출 증빙용은 사업자가 소득세 신고 시 비용으로 인정받을 수 있고 부가가치세 매입세액 공제도 가능하다. 사업자의 경우 현금 영수증을 소득 공제용으로 발급받게 되면 매입세액 공제와 소득세 신고 시 비용으로 인정받을 수 없게 된다. 따라서 반드시 지출 증빙용으로 발급 받아야 한다. 만약 현금 영수증을 소득 공제용으로 발급 받았다면 홈택스 홈페이지에서 지출 증빙용으로 용도 변경할 수 있다.

차량 유지비 기준을 지켜야 비용처리 할 수 있다 ✍

회사의 비용 중 적지 않은 비중을 차지하는 것이 바로 차량 유지비이다. 차량 유지비는 차량 취득에 관한 감가상각비, 렌트비, 리스비와 유지에 관련된 유류대, 보험료, 수리비 등을 포함한다. 대부분의 회사가 업무상 필요에 의해 차량을 보유하고 운영하고 있다.

그러나 세법에서 업무용 승용차 관련 비용을 무조건 인정해 주지는 않는다. 법인차량의 대부분은 임원과 그 가족이 사적으로 사용하는 경우가 종종 있기 때문이다. 임직원이 업무와 관련해서 사용을 했다 하더라도 차량 운행일지 작성을 하지 않는 경우가 많다. 이 제도를 정확하게 이해하지 못해 세금이 추징되는 경우가 많다. 세법에서 인정해 주는 '비용처리 기준'이 있기 때문이다.

업무용 차량의 사적 사용을 방지하고, 사적 사용과 업무용 사용이 혼용되는 차량의 합리적인 비용처리를 위해 2016년부터 '업무용 승용차 비용 특례제도'를 시행하고 있다.

법인 사업자와 복식 부기 의무자인 개인 사업자의 업무 승용차 관련 비용은 일정 요건·기준을 따라야 비용으로 공제받을 수 있다.

업무 승용차 비용 공제 ✔

① 임직원 전용 자동차보험 가입

② 운행 기록부상 총주행 거리에서 업무용 사용 거리가 차지하는 비율만큼 비용 인정

③ 감가상각비 등의 연간 비용 한도를 둠

업무용 승용차 비용 특례제도 ✔

사적 사용	사적, 업무 혼용	업무 전용
전액 비용 불인정	업무 사용 비율 등에 따라 비용 인정	전액 비용 인정

또한 모든 사업자가 업무용 승용차 비용특례제도에 해당하는 것은 아니다. 법인 및 개인 사업자 중 복식 부기 의무자가 적용대상이다. 복식 부기 의무자란 업종별로 직전 과세 기간의 수입 금액의 합계액이 일정액을 초과하는 사업자를 말하며, 전문직 사업자는 직전

연도 수입 금액 규모에 상관없이 복식 부기 의무자에 해당한다.

구분 업종 기준금액 [19년 귀속]

구분	업 종	기준금액
1	농업 · 임업 및 어업, 광업, 도매 및 소매업, 부동산 매매업 등	3억 원
2	제조업, 숙박 및 음식점업, 전기·가스 공급업, 건설업, 운수업 및 창고업, 정보통신업, 금융 및 보험업, 상품중개업 등	1억 5천만 원
3	부동산 임대업 , 부동산업, 전문·과학 및 기술 서비스업, 교육 서비스업, 보건업 및 사회복지 서비스업, 예술 · 스포츠 및 여가관련 서비스업 등	7천 5백만 원

*전문직 사업자: 의료업, 수의업, 약사업, 한약사업, 변호사업, 심판변론인업, 변리사업, 법무사업, 공인회계사업, 세무사업, 경영지도사업, 기술지도사업, 감정평가사업, 손해사정인업, 통관업, 기술사업, 건축사업, 도선사업, 측량사업, 공인노무사업

업무용 승용차가 뭐지? ✍

세법상 법인 및 개인 사업자가 취득하거나 임차, 리스lease한 차량 중 개별 소비세가 부과되는 승용차가 업무용 승용차에 해당된다. 적용대상인 업무용 승용차의 범위는 개별소비세법 제1조 제2항 제3호에서 규정하고 있다. 개별 소비세가 부과되는 업무용 승용차에 해당이 되면 부가가치세법상 매입세액 공제도 받을 수 없다.

정원 9인승 이상의 승합차나 배기량 1000cc 미만의 경차는 업무용 승용차 특례 적용대상이 아니므로 업무 무관 사용이 아닌 경우

전액 비용으로 인정된다. 또한 차량 구입과 유지에 관련하여 지출된 비용에 대해 부가가치세 매입세액 공제도 받을 수 있다.

> 업무용 승용차에서 제외되는 경우 ✔
>
> ①1000cc 미만 경차, 승합차, 버스, 화물차, 택시 등의 영업용 차량
>
> ②운수업, 자동차 판매업, 자동차 임대업, 운전학원, 경비업
>
> (출동차량에 한정)
>
> ③기획재정부령으로 정하는 승용차(장례식장 및 장의 관련 업 자동차),
>
> 자율주행 자동차

업무용 승용차 가족이 사용할 수 있나? ✍

업무용 승용차 관련 세무 조사, 신고내용 검증 등에서 가장 많이 지적되는 것은 전용보험 미가입, 운행기록부 미작성, 임차료(리스·렌탈) 비용 한도 초과, 업무 사용 비율 과다계상, 전업주부 등 가족사용, 가사와 같은 업무 외 사용 등이다.

업무 전용 자동차 보험에 가입하지 않고 차량 임차료, 유류비, 보험료, 자동차세 등을 전액 비용으로 법인세 신고를 하였다면, 국세청은 업무 전용 보험 미가입으로 관련 비용 전액을 부인하고, 법인

에는 법인세를 차량을 사용한 자에게 소득세를 추징하게 된다.

법인이 보유하고 있는 고가의 외제차량에 대한 운행기록부를 작성하지 않고 대표자와 자녀 등이 사적으로 사용한 사실이 밝혀져 외제차량 관련 비용 전액을 부인하고 법인세를 추징당하는 일이 있다.

법인 차량의 경우 반드시 차량별 운행기록부를 작성하여야 하고, 차량별로 임차료, 유류비, 수선비, 자동차세, 통행료 등 지출한 비용을 집계해야 한다. 차량별 운행기록부는 업무용 사용 거리를 확인하여 업무 사용 비율만큼 비용을 인정받기 위하여 작성된다. 따라서 차량별로 차량 유지비 지출에 대한 집계와 운행기록부를 같이 작성해야 세금 추징을 피할 수 있다.

법인 대표자의 경우 차량 운행일지를 살펴보면 업무 사용 비율이 100%로 나오기는 쉽지가 않다. 특히 근무하지 않는 배우자나 자녀가 사용했다면 세무 조사 시 비용을 인정받기 어렵다. 운행기록부를 작성하기도 어렵지만 차량 관련 비용을 분석하게 되면 쉽게 확인이 가능해진다.

국세청은 업무용 승용차를 사적으로 사용하고 비용으로 처리하는 경우 세무 조사, 신고 내용분석 등을 통해 철저하게 검증하고 있다. 업무용 승용차 '비용처리 기준'을 철저하게 지켜서 세금 추징을 당하는 일이 없도록 해야 한다.

기계 장치를 구매하고 세금 계산서를 받지 못했어요 ✍

사업자가 기계 장치와 같은 고정 자산을 취득하게 되면 세금 계산서를 발급받게 된다. 세금 계산서를 발급받아야 매입세액 공제도 받을 수 있다. 그러나 개인이나 폐업자와 거래할 경우 부득이 못 받는 경우도 있다. 간혹 무자료를 조건으로 시가보다 낮은 가격으로 판매하는 사업자도 있다.

세금 계산서 수취가 불가하다면, 계약서 및 대금 지급에 관련된 통장거래 내역을 보관해야 한다. 비록 매입세액 공제는 못 받더라도 고정 자산으로 등록하여 감가상각비로 비용처리해야 세금을 줄일 수 있다. 2%의 적격 증빙 미수취 가산세를 부담하고 비용처리하기 위해서는 거래를 입증할 수 있는 서류를 꼭 챙겨야 한다.

경조사비 문자도 절세할 수 있다 ✍

세법에서는 거래처 등에 지출한 경조사비에 대해 적격 증빙이 없어도 한 건당 20만 원까지 비용으로 인정해 주고 있다. 경조사에 관련하여 청첩장이나 부고장은 우편보다는 메신저나 문자 메시지의 형태로 주로 받게 된다. 이 경우 스마트폰 화면을 캡처해 프린트해 놓아야 한다.

사업의 규모에 따라 일 년에 경조사비로 지출되는 금액은 다르다. 직업정보 전문 사이트 설문조사에서 직장인 한하여 경조사비 평균이 140만 원 정도 지출한다는 조사 결과가 있다. 사업자의 경우 직장인보다는 경조사비 지출이 많을 것으로 예상된다. 챙기지 않으면 절세할 수 없다. 경조사비 지출과 관련하여 적극적으로 증빙을 챙겨서 절세해야 한다.

거래처에 지출한 경조사비는 접대비에 해당하며, 임원 또는 직원에게 지출된 경조사비는 복리후생비로 비용처리가 가능하다. 임원이나 직원에게 지급할 경우 경조사비 지급 규정, 경조사 내용, 법인의 지급 능력, 종업원의 직위·연봉 등을 종합적으로 감안하여 적정하게 지급되어야 한다.

해외출장비, 증빙 없이 경비처리 가능할까? ✍

피감기관의 지원을 받아 외유성 해외출장을 갔다는 의혹을 받는 현직 국회의원들이 검찰에 고발되기도 한다. 해외출장이 국익을 위한 일정보다는 여행 일정이 많았기 때문일 것이다. 회사도 임직원의 업무와 관련 없는 해외출장비에 대해선 비용을 부인하고 해당 임직원에 대한 급여로 보아 과세한다.

세무 조사 때 빠지지 않고 보는 것이 해외출장 경비이다. 대부분 해외출장 경비는 증빙을 챙기기 어렵고 출장의 목적이 불분명한 경우가 많다. 그리고 회사에서 해외출장을 자주 가는 대상이 임원인 경우가 많다. 임원 출장의 경우 출장 사실을 객관적으로 입증해 주는 출장 신청서나 출장 여비 정산서 등을 제출하지 않는 경우가 많다.

항공 요금은 회사에서 지출하게 되지만, 해외 현지에서 사용하게 되는 출장비와 숙박비 등은 회사의 사규에 따라 정액으로 지급하는 것이 관행이다. 세법에서는 해외출장의 목적이 업무와 관련성이 있다는 것과 해외출장비가 사회통념상 적정한 수준의 금액이라는 것을 회사가 입증해야 한다. 따라서 사규에 해외출장비 지급 규정이 정해져 있어야 한다.

세법에서는 해외에서 지출한 비용에 대해서는 지출 증빙 서류를

1일 마스터! 성공 창업을 위한 실전 세무

갖추지 않더라도 비용으로 인정해주고 가산세도 부과하지 않는다. 사규에 의해 지출이 되었다 하더라도 실무적으로는 숙박비나 식비 등 신용카드 사용이 가능한 경우에는 적극적으로 지출 증빙을 수취해야 한다.

정규 지출 증빙으로 받아도 경비처리 안 된다 ✍

부가가치세 신고 때 법인 회사 대표가 본인의 집을 수리하고 매입세금 계산서를 발급받아왔다. 세금 계산서로 받아 왔으니 부가가치세 신고 때 매입세액 공제를 받아 달라고 하신다. 그는 사업용 신용카드를 사용하면 사용 목적과 관계없이 무조건 부가가치세 공제가 가능하고 비용으로 인정받을 수 있다고 생각했다.

경비처리는 사업과 관련하여 지출된 비용만 인정받을 수 있다. 비록 세금 계산서나 신용카드 등 정규 지출 증빙으로 받았다 하더라도 사업과 무관하게 지출된 가사 관련 비용이나 개인적인 비용은 경비로 처리할 수 없다. 국세청에서도 신용카드 수취분 매입세액에 대해 사업 무관 경비로 부당 공제받았는지에 대해 정밀하게 분석하고 있다.

위에서처럼 법인의 대표가 지출한 집수리 금액이 업무 무관 가사 경비로 밝혀질 경우 법인 비용으로 인정받지 못하게 되어 법인세가 과세되고, 대표는 소득세를 추가로 납부하게 된다. 또한 부당 과소 신고로 인한 가산세 40% 등 본세와 가산세를 합치면 업무 무관으로 지출된 금액만큼 세금을 추징당할 수 있어 각별히 조심해야 한다.

접대비와 복리후생비 ✍

"접대비와 복리후생비의 차이점이 뭔가요?"

지출의 성격과 대상이 다르다. 복리후생비는 종업원의 복리를 위해 종업원에게 지출하는 경비를 말하고, 접대비는 업무와 관련하여 종업원 이외의 특정인에게 지출하는 비용을 말한다. 일반적으로 접대비라 함은 거래처에 영업을 목적으로 지출되는 경우가 많다. 거래처에 지출되는 비용 중 상품권, 경조사비, 유흥, 음식, 골프접대 등이 접대비에 해당된다.

1일 마스터! 성공 창업을 위한 실전 세무

접대비 지출은 법인카드로 사용해야 한다 ✍

　접대비 지출 시 주의해야 할 사항은 '첫째 법인의 업무와 관련하여 지출하였나? 둘째, 적격증빙을 갖추었나?'이다.

　1만 원 미만의 접대비는 간이 영수증으로도 비용처리가 가능하다. 그러나 접대비로 1만 원 이상 지출할 경우 반드시 적격 증빙(신용카드, 현금 영수증, 세금 계산서, 계산서)을 받아야 비용으로 인정받을 수 있다.

　임직원 카드로 지출한 접대비는 비용으로 인정받지 못한다. 직원 카드로 100만 원을 접대비로 지출하였다면 전액을 비용으로 인정받지 못해 세금을 더 내야 한다. 접대를 해야 할 경우에는 반드시 법인카드를 사용해야 비용으로 인정받을 수 있다.

접대비에는 한도가 있다 ✍

　종업원을 위하여 지출되는 복리후생비는 전액 경비 처리가 가능하다. 그러나 접대비는 지출된 전액을 비용으로 인정받을 수 없다.

　접대비는 세법상 비용으로 인정받을 수 있는 한도가 정해져 있다. 중소기업의 경우 기본한도 3천 600만 원과 매출액에 따른 추가

금액을 합친 금액이 접대비 한도가 된다. 일 년 매출액이 100억 원이라 가정하면 기본한도 3천 600만 원과 매출액 100억의 0.3%인 3천만 원을 합친 6천 600만 원이 한도가 된다.

기본한도 ✔

기본한도 금액 = A × B × 1/12

A : 1천 200만 원 (「조세특례제한법」 제5조 제1항에 따른 중소기업의 경우에는 3천 600만 원)

B : 해당 과세 기간의 개월 수 (이 경우 개월 수는 역에 따라 계산하되, 1개월 미만의 일수는 1개월로 한다)

수입 금액별 한도 ✔

수 입 금 액	적 용 률
가. 100억 원 이하	0.3%
나. 100억 원 초과 500억 원 이하	3천만 원 + (수입 금액 - 100억 원) × 0.2%
다. 500억 원 초과	1억1천만 원 + (수입 금액 - 500억 원) × 0.03%

1일 마스터! 성공 창업을 위한 실전 세무

문화 접대비로 세금 줄이기 ✍

　문화 접대비란 문화예술 공연 및 전시, 박물관 입장권, 국민체육 진흥법에 의한 체육활동의 입장권, 비디오물, 음반 · 음악 영상물, 서적 및 출판물의 구입을 통해 문화비로 지출한 접대비를 말한다.

　접대비는 비용으로 인정받을 수 있는 한도가 정해져 있다. 접대비 한도를 초과하면 세금을 더 부담하게 된다. 하지만 문화 접대비로 지출된 금액은 일반 접대비 한도의 20%를 추가로 인정해 주고 있다. 즉, 문화 접대비로 지출된 금액만큼 비용으로 인정받아 세금을 줄일 수 있게 된다. 접대비는 기업 활동 중 부득이 지출하게 된다. 필연적으로 접대비를 써야 한다면 문화 접대 지출로 세금을 줄이는 노력을 해야 한다.

문화 접대비 한도❤

Min(문화 접대비 지출액, 일반 접대비 한도액)×20%

기부금과 광고 선전비, 접대비는 다르다 ✍

　기부금은 사업과 직접 관련 없이 특수 관계가 없는 자에게 무상으로 지출하는 재산적 증여의 가액을 말한다. 기부금은 수익 창출에 기여하지 못하는 지출이다. 그러나 기업이 경제활동을 통하여 얻은 이익을 사회에 환원하는 데 그 의의가 있어 일정한 한도 내에서 손금으로 인정된다.

기부금은 법인세법이나 소득세법에서는 법정 기부금으로, 조세특례제한법상에서는 지정 기부금 및 비지정 기부금으로 구분한다. 법정 기부금과 지정 기부금은 일정 한도 내에서 손금(개인 사업자인 경우에는 필요 경비)으로 인정되며, 비지정 기부금은 전액 손금불산입하도록 규정하고 있다.

'기부금'은 업무와 관련 있는 불특정 고객을 위해 무상으로 지출하는 '광고 선전비'와 업무와 관련 있는 특정 고객을 위해 무상으로 지출하는 '접대비'와 구분된다.

기부금, 광고 선전비, 접대비 구분 ✔

구분	구분 기준	
기부금	업무와 관련 없는 무상 지출	
광고 선전비	업무와 관련 있는 무상 지출	불특정 다수 고객을 대상
접대비		특정 고객을 대상

법정 기부금, 지정 기부금의 차이는? ✍

기부금의 종류는 크게 네 가지로 나누어진다.

① 법정 기부금: 국가·지방자치단체, 병원에 시설비·교육비, 사회복지사업 법인 등에 기부

② 지정 기부금: 종교단체와 지정된 공익단체에 기부

③ 정치자금 기부금: 후원하는 정당이나 정치인, 선거관리위원회에 기부

④ 우리사주 조합 기부금: 회사의 주식을 취득·관리할 목적으로 만들어진 우리사주 조합에 낸 기부금

기부금 공제 한도 ✔

기부금 종류	개인 사업자	법인 사업자
①정치자금 기부금 ②법정 기부금	기준소득 금액 * × 100%	[기준소득 금액 * * -이월 결손금(10년 내 발생)] × 50%
③우리사주 조합 기부금	(기준소득 금액-①-②) × 30%	[기준소득 금액 * * -이월 결손금(10년 내 발생)-②] × 50%
④지정 기부금 (종교단체 기부한 금액이 있는 경우)	[기준소득 금액-①-②-③] × 10% + [(기준소득 금액-①-② -③)의 20%와 종교단체 외에 지급한 금액 중 적은 금액]	[기준소득 금액 * * -이월 결손금(10년 내 발생)-②-③] × 10%(사회적 기업은 20%)
⑤지정 기부금 (종교단체에 기부한 금액이 없는 경우)	[기준소득 금액-①-②-③] × 30%	

* 기준소득 금액=차가감소득 금액+(정치자금·법정+우리사주 조합+지정)−이월 결손금

* * 기준소득 금액=차가감소득 금액 * +(법정·우리사주 조합·지정) 지출액

* 차가감소득 금액 = 당기순이익+익금산입·손금불산입−손금산입·익금불산입

법정 기부금의 종류 ✔

1. 국가나 지방자치단체에 무상으로 기증하는 금품의 가액. 다만, 「기부금품의 모집 및 사용에 관한 법률」의 적용을 받는 기부금품은 같은 법 제5조 제2항에 따라 접수하는 것만 해당한다.(2010.12.30. 개정)
2. 국방헌금과 국군장병 위문금품의 가액(2010.12.30. 개정)
3. 천재지변으로 생기는 이재민을 위한 구호금품의 가액(2010.12.30. 개정)
4. 다음 각 목의 기관(병원은 제외한다)에 시설비 · 교육비 · 장학금 또는 연구비로 지출하는 기부금(2010.12.30. 개정)
   가.「사립학교법」에 따른 사립학교(2010.12.30. 개정)
   나. 비영리 교육재단(국립 · 공립 · 사립학교의 시설비, 교육비, 장학금 또는 연구비 지급을 목적으로 설립된 비영리 재단법인으로 한정한다.)(2011.12.31. 개정)
   다.「근로자직업능력 개발법」에 따른 기능대학(2010.12.30. 개정)
   라.「평생교육법」에 따른 전공대학의 명칭을 사용할 수 있는 평생교육시설 및 원격대학 형태의 평생교육시설(2013.01.01. 개정)
   마.「경제자유구역 및 제주국제자유도시의 외국교육기관 설립 · 운영에 관한 특별법」에 따라 설립된 외국교육기관 및 「제주특별자치도 설치 및 국제자유도시 조성을 위한 특별법」에 따라 설립된 비영리법인이 운영하는 국제학교(2018.12.24 개정)
   바.「산업교육진흥 및 산학연력촉진에 관한 법률」에 따른 산학협력단(2011.07.25 개정)
   사.「한국과학기술원법」에 따른 한국과학기술원,「광주과학기술원법」에 따른 광주과학기술원,「대구경북과학기술원법」에 따른 대구경북과학기술원 및「울산과학기술원법」에 따른 울산과학기술원(2015.03.27. 개정)
   아.「국립대학법인 서울대학교 설립 · 운영에 관한 법률」에 따른 국립대학법인 서울대학교,「국립대학법인 인천대학교 설립 · 운영에 관한 법률」에 따른 국립대학법인 인천대학교 및 이와 유사한 학교로서 대통령령으로 정하는 학교(2015.03.27. 개정)
   자.「재외국민의 교육지원 등에 관한 법률」 제2조 제3호에 따른 한국학교(대통령령으로 정하는 요건을 충족하는 학교만 해당한다)로서 대통령령으로 정하는 바에 따라 기획재정부장관이 지정 · 고시하는 학교(2018.12.24. 개정)
5. 다음 각 목의 병원에 시설비 · 교육비 또는 연구비로 지출하는 기부금(2010.12.30. 개정)
   가.「국립대학병원 설치법」에 따른 국립대학병원(2010.12.30. 개정)
   나.「국립대학치과병원 설치법」에 따른 국립대학치과병원(2010.12.30. 개정)
   다.「서울대학교병원 설치법」에 따른 서울대학교병원(2010.12.30. 개정)

라. 「서울대학교치과병원 설치법」에 따른 서울대학교치과병원(2010.12.30. 개정)

마. 「사립학교법」에 따른 사립학교가 운영하는 병원(2010.12.30. 개정)

바. 「암관리법」에 따른 국립암센터(2010.12.30. 개정)

사. 「지방의료원의 설립 및 운영에 관한 법률」에 따른 지방의료원(2010.12.30. 개정)

아. 「국립중앙의료원의 설립 및 운영에 관한 법률」에 따른 국립중앙의료원(2010.12.30. 개정)

자. 「대한적십자사 조직법」에 따른 대한적십자사가 운영하는 병원(2010.12.30. 개정)

차. 「한국보훈복지의료공단법」에 따른 한국보훈복지의료공단이 운영하는 병원
(2010.12.30. 개정)

카. 「방사선 및 방사성동위원소 이용진흥법」 제13조의2에 따른 한국원자력의학원
(2010.12.30. 개정)

타. 「국민건강보험법」에 따른 국민건강보험공단이 운영하는 병원(2010.12.30. 개정)

파. 「산업재해보상보험법」 제43조 제1항 제1호에 따른 의료기관(2010.12.30. 개정)

6. 사회복지사업, 그 밖의 사회복지활동의 지원에 필요한 재원을 모집·배분하는 것을 주된
목적으로 하는 비영리법인(대통령령으로 정하는 요건을 충족하는 법인만 해당한다)으로
서 대통령령으로 정하는 바에 따라 기획재정부장관이 지정·고시하는 법인에 지출하는 기
부금(2018.12.24. 개정)

※법인세법 별표 6의6 : 사회복지공동모금회, 재단법인 바보의 나눔

7. 다음 각 목의 어느 하나에 해당하는 기관으로서 해당 법인의 설립목적, 수입 금액 등이 대
통령령(시행령 제35조 제4항)으로 정하는 요건을 갖춘 기관에 지출하는 기부금

※법인세법 별표 6의7

가. 한국과학창의 재단

나. 과학기술분야 정부출연연구기관 등의 설립·운영 및 육성에 관한 법률 제8조 제1항 및
별표에 따른 한국과학기술연구원, 한국기초과학지원연구원, 원자력연구원, 한국해양
연구원등

다. 대한민국전몰군경유족회, 대한민국전몰군경미망인회, 광복회, 제일학도의용군동지회
및 대한민국무공수훈자회

라. 대한장애인체육회

마. 대한적십자사

바. 독립기념관

사. 한국문화예술교육진흥원

아. 한국문화예술위원회

자. 문화유산국민신탁 및 자연환경국민신탁

차. 한국법무보호복지공단

카. 북한이탈주민지원재단

타. 2012여수세계박람회조직위원회

파. 한국국제교류재단

하. 한국해양수산연수원, 휴면예금관리재단

지정 기부금의 종류 ✔

지정 기부금이란 사회복지·문화·예술·교육·종교·자선·학술 등 공익을 위해 지출한 기부금으로서 다음에 해당하는 기부금을 말한다.(2010.6.23. 제정)

1. 다음의 비영리법인 및 단체(이하 "지정기부금단체"라 한다)에 해당 지정기부금단체의 고유 목적사업비로 지출하는 기부금
   가. 「사회복지사업법」에 의한 사회복지법인
   나. 「유아교육법」에 따른 유치원 「초·중등교육법」 및 「고등교육법」에 의한 학교, 「기능대학법」에 의한 기능대학 또는 「평생교육법」에 의한 원격대학
   다. 정부로부터 허가 또는 인가를 받은 학술연구단체·장학단체·기술진흥단체
   라. 정부로부터 허가 또는 인가를 받은 문화·예술단체(「문화예술진흥법」에 따라 지정을 받은 전문예술법인 및 전문예술단체를 포함한다) 또는 환경보호운동 단체
   마. 종교의 보급, 그 밖에 교화를 목적으로 「민법」 제32조에 따라 문화체육관광부 장관 또는 지방자치단체의 장의 허가를 받아 설립한 비영리법인(그 소속 단체를 포함한다)
   바. 「의료법」에 의한 의료법인
   사. 「민법」 제32조에 따라 주무관청의 허가를 받아 설립된 비영리법인 중 일정한 요건(영 제36조 제1항 제1호 사목)을 모두 충족한 것으로서 주무관청의 추천을 받아 기획재정부장관이 지정한 법인
   아. 가부터 사까지의 지정기부금단체와 유사한 것으로서 규칙 제18조 제1항에서 정하는 단체
2. 공익목적으로 지출하는 다음의 기부금
   가. 「유아교육법」에 따른 유치원의 장, 「초·중등교육법」 및 「고등교육법」에 의한 학교의 장, 「기능대학법」에 의한 기능대학의 장 또는 「평생교육법」에 의한 원격대학의 장이 추천하는 개인에게 교육비·연구비 또는 장학금으로 지출하는 기부금
   나. 「상속세 및 증여세법시행령」 제14조의 요건을 갖춘 공익신탁으로 신탁하는 기부금
   다. 사회복지·문화·예술·교육·종교·자선·학술 등 공익목적으로 지출하는 기부금으로서 규칙 제18조 제2항에서 정하는 기부금
3. 영업자가 조직한 단체로서 법인이거나 주무관청에 등록된 조합 또는 협회에 지급한 회비 중 특별회비와 그 외의 임의로 조직된 조합 또는 협회에 지급한 회비
4. 아동복지시설, 노인복지시설 등 「소득세법 시행령」 제79조의2에 따른 사회복지 시설에 지출하는 기부금

1일 마스터! 성공 창업을 위한 실전 세무

연구 개발비 자산일까? 비용일까? ✍

 기업이 신제품이나 신기술을 개발하는데 투입된 비용을 연구 개발비라 부른다. 연구 개발비는 연구원의 급여와 연구 활동에서 지출된 비용을 말한다. 연구 개발비는 재무제표에 무형 자산으로 처리하는 방법과 지출하는 연도의 비용으로 처리하는 방법이 있다. 연구 개발비를 당해 연도 비용으로 처리하게 되면 기업의 손익이 줄어들지만, 자산으로 처리하게 되면 기업의 재무 구조를 좋게 보이게 할 수 있다. 그러나 기업의 상황에 따라 선택할 수는 없다.

 연구 개발비는 연구 개발로 인한 성과나 결과로 미래 이익이 확실한 경우에만 재무 상태표에 무형 자산으로 처리할 수 있다. 만약 그렇지 않다면 그 금액을 지출하는 시점에서 비용처리해야 한다. 대부분의 중소기업에서 지출하는 연구 개발비는 자산으로 처리하기에 적합하지 않은 경우가 많다. 개발비를 자산으로 처리할 경우에는 전문가와의 상담을 통해 보수적으로 결정해야 한다.

연구·인력 개발비 세액 공제 ✍

 연구 · 인력 개발비 세액 공제는 기업이 세금을 가장 많이 줄일 수 있는 방법 중 하나이지만, 정확하지 않은 기준으로 공제를 받아 국세청으로부터 자주 세금 추징을 받기도 한다.

세무 조사 등으로 세액 공제가 문제 되었을 경우 당해 연도뿐만 아니라 수년간 공제받은 금액까지 추징당하게 된다. 공제받은 세액이 크기 때문에 세액 공제를 받을 경우 신중하게 판단해야 한다. 최근 연구·인력 개발비의 부당세액 공제로 인한 조사와 사후 관리가 철저해지고 있다.

세무 조사 시 요청하는 서류는 연구소 및 연구전담 부서의 등록 서류, 조직도, 연구전담 요원의 인사이동 관련 내부 공문, 전담 요원의 타임시트, 작업 성과물, 특허출원 자료 등이다.

연구 · 인력개발 활동 검증자료도 확대되었다. 2020년 01월 01일 이후 개시하는 과세 연도분부터 연구계획서·보고서 등 세액 공제 신청 시 연구과제 총괄표와 함께 제출해야 한다.

단순 절세 목적으로 연구소, 개발전담 부서를 만들어 공제를 받는 일은 다시 한번 생각해야 할 문제이다. 아래 연구 개발 보고서의 내용과 같이 구체적이고 실체적인 연구 개발 활동이 이루어져야 공제받을 수 있다.

1일 마스터! 성공 창업을 위한 실전 세무

신성장동력·원천기술 연구 개발비와 일반 연구·인력 개발비✔

구분	정의	세부내용
신성장동력· 원천기술 연구 개발비	11개 분야 173개 기술에 대한 연구 개발비	①당기에 지출한 개발비의 최대 40% 세액 공제 ②당기에 지출한 시설투자 금액의 5% 세액 공제 → ①+②를 세액 공제
일반 연구·인력 개발비	신성장동력·원천기술 에 해당하지 않는 연 구·인력 개발비	①당기에 지출한 개발비의 최대 25% ②전년 대비 증가한 개발비의 최대 50% → ①, ② 중 선택하여 세액 공제

연구 개발 보고서

※ 여러 연구과제에 공통되는 항목이 있으면 연구과제별로 각각 작성하지 않고
한 문서에 여러 연구과제에 해당하는 내용을 함께 작성할 수 있습니다.

1. 연구과제명

2. 연구 개발 개요

가. 목표

나. 주요내용

다. 연구 개발 기간

※ 실제 수행한 연구 개발의 주요 내용으로서, 해당 연구 개발을 통해 달성하려는 ① 과학
적·기술적 진전 또는 ② 새로운 서비스 또는 서비스 전달체계가 무엇인지 드러나야 함

3. 연구수행 내용 및 성과

가. 수행부서, 연간 투입인력 현황

- 해당 연구과제에 투입된 인력에 대한 인건비 명세

나. 연간 위탁·공동 연구 개발 현황

- 위탁ㄱ공동 연구 개발 수행 기관, 수행 기간, 주요 내용 등

다. 실험 등 연구 개발을 위해 활용한 방법

- 연구노트가 있는 경우 연구노트로 대체 가능

라. 연구 개발 주요 성과

- 특허권 신청 실적, 실패 시 실패 내용 등

붙임. 참고자료 및 증빙자료

- 전담부서의 조직·직원 현황 및 연구요원의 자격을 증명하는 서류
- 연구요원 등의 급여지급 명세서
- 연구 개발 업무에 사용하는 견본품·부품·원재료·시약류 구입 명세서
- 기타 연구·인력 개발비 관련 명세

210㎜×297㎜(신문용지 54g㎡(재활용품))

연구·인력 개발비 세액 공제 받을 수 없는 연구원 급여 ✍

　연구·인력 개발비로 연구원에게 지급한 급여의 25% 정도를 세액 공제 받을 수 있다. 연구원 급여로 1억 원 정도가 지출되었다면 2천 500만 원의 세액 공제를 받을 수 있게 된다. 기업의 입장에서는 적극적으로 세액 공제를 받으려 노력한다.

　연구원으로 등록이 되었고, 연구원에게 급여로 지급되었더라도 개발비로 인정받지 못하는 경우가 있다. 연구 개발 업무를 전담했다는 사실을 입증하지 못하면 국세청에서는 개발비로 인정하지 않는다. 즉 연구원으로 등록되었다 하더라도 연구소 등에서 실질적으로 근무하지 않았다면 공제받을 수 없다.

　또한 연구원이 주주이면서 임원일 경우 다음 중 어느 하나에 해당한다면 세액 공제를 받으면 안 된다.

세액 공제를 받을 수 없는 경우 ✔

① 주식 매수 선택권을 모두 행사하는 경우 당해 법인의 총발행 주식의 100분의 10을 초과하여 소유하는 자

② 당해 법인의 주주로서 총발행 주식의 100분의 10을 초과하여 소유하는 주주

③ 위 ②에 해당하는 자와 특수 관계인

못 받은 돈, 비용처리할 수 있어요

못 받은 돈, 비용처리할 수 있다 ✍

대손금이란 회수 불능한 채권, 즉 거래처가 사업의 폐지, 행방불명 등의 사유로 외상 매출금·받을 어음·대여금 등을 회수할 수 없게 된 경우를 말한다. 사업자가 사업을 하면서 발생하는 채권을 100% 회수하기는 현실적으로 어렵다. 거래처의 사정으로 인해 회수가 불가능한 채권에 대해 세법에서는 대손금으로 비용처리를 해준다. 그러나 모든 채권에 대해 대손금으로 인정해 주지는 않는다.

대손금을 대손으로 처리하기 위해서는 대손금의 범위, 대손 요건, 대손 증빙서류 등 검토해야 할 부분이 많이 있다. 대손금에 해당하는 채권이라 해도, 대손을 받을 수 있는 조건을 충족해야 하고, 대손을 증명하는 서류를 갖추어야 대손 처리가 가능하다.

많은 기업이 대손금이 발생했을 때 대손 인정을 받기 위한 조치를 하지 못한다. 제때 대손 처리를 하지 못해 줄일 수 있는 세금을 부담하는 일이 많다. 매해 12월에는 회수 불가능한 채권에 대한 대손 처리 방안을 세무 전문가와 협의해서 억울한 세금을 더 납부하지 말아야겠다.

대손 처리할 수 있다 ✍

세법에서는 모든 채권에 대한 대손 처리를 허용하지 않는다. 대손 처리가 가능한 채권의 범위를 제한하고 있다. 세법상 대손 처리가 가능한 채권은 외상 매출금, 대여금, 기타 이에 준하는 채권 등이다.

대손 처리가 가능한 채권 ✔

① 외상 매출금 : 상품·제품의 판매가액의 미수액과 가공료·용역 등의 제공에 의한 사업 수입 금액의 미수액

② 대여금 : 금전소비대차계약 등에 의하여 타인에게 대여한 금액

③ 기타 이에 준하는 채권 : 어음상의 채권·미수금 기타 기업회계 기준에 의한 대손 충당금 설정 대상이 되는 채권(법인세법 시행령 제88조 부당 행위 부인의 유형 고가 양수의 규정을 적용받는 시가 초과액에 상당하는 채권을 제외한다.)

*특수 관계자에게 업무와 관계없이 지급한 가지급금 등에 대해서는 대손금으로 인정되지 않는다.

대손 처리 가능한 요건은? ✍

대손으로 처리할 수 있는 채권 중 다음에 해당이 되면 대손금으로 비용처리 할 수 있다.

대손금으로 비용처리 가능한 경우 ✔

① 채무자의 파산, 강제집행(불능조서의 첨부), 형의 집행, 또는 사업 폐지로 인하여 회수할 수 없는 채권

② 채무자의 사망, 실종, 행방불명으로 인하여 회수할 수 없는 채권

③ 외상 매출금 및 미수금으로서 상법상 소멸 시효가 완성된 채권

④ 어음법에 의하여 소멸 시효가 완성된 어음

⑤ 수표법 규정에 의하여 소멸 시효가 완성된 수표

⑥ 대여금 및 선급금으로서 민법상 소멸 시효가 완성된 것

⑦ 부도 발생일로부터 6개월 이상 경과한 수표 또는 어음상의 채권으로서 채무자의 본적지와 주소지를 관할하는 관서의 공부에 당해 채무자 명의로 등록된 재산이 없는 채무자에 대한 채권

대손 처리 절차 ✍

대손 처리를 받기 위해서는 미리 챙겨야 할 것들이 있다. 적어도 매년 12월까지는 대손 처리를 해야 할 채권들이 결정이 되어야 한다. 10월부터는 대손 처리 대상 채권을 선정하고 대손 처리 가능할 지에 대한 세무적인 검토가 진행되어야 하고, 대손 처리를 받기 위한 필요 서류도 함께 준비해야 한다. 채권처리부서가 따로 있는 중소기업은 많지 않다. 대부분 영업부서나 경리부서에서 채권관리 업무를 병행하게 된다. 적어도 10월부터는 장기 미회수 채권에 대한 대손 검토가 이루어져야 한다. 대손 처리시기를 놓쳐서 안 내도 될 세금을 억울하게 납부하는 일은 절대로 없어야 한다.

소멸 시효란? ✍

기업을 경영하면서 재화, 용역을 공급하고 그 대금을 현금으로 지급받는 경우는 많지 않다. 대부분 외상으로 거래하게 된다. 부득이 외상대금을 받지 못하고 장기간 회수하지 못하는 경우가 발생하는데, 이 경우 일정 기간 대금 회수 노력을 하지 않으면 외상대금을 받을 수 있는 권리가 사라지게 된다.

소멸 시효는, 권리자가 권리를 행사할 수 있었음에도 불구하고 일정한 기간 그 권리를 행사하지 않는 경우 권리 불행사의 상태가 계속된 경우 그 권리를 소멸시키는 제도를 말한다.

소멸 시효제도는 일정한 기간 계속된 사회 질서를 유지하고, 시간의 경과로 인해 곤란하게 되는 증거 보전으로부터의 구제 또는 자기의 권리를 행사하지 않고 권리 위에 잠자는 자를 법의 보호에서 제외하기 위한 것이다(대법원 1976. 11. 6. 선고 76다148 전원합의체판결).

국세(國稅) 등의 소멸 시효에 대해서는 국세기본법 제27조와 제28조에 특칙을 두었으므로 이 규정을 우선하여 적용하고, 기타 규정이 없는 경우에는 민법을 준용하도록 하고 있는데, 국세기본법에서는 국세 징수권의 소멸 시효를 5억 원 이상의 국세에 대해서는 10년, 그 외의 국세는 5년으로 규정하고 있다([참조조문]기법 27조).

소멸 시효 중단 사유 ✍

외상 매출금의 소멸 시효는 일반적으로 3년이다. 그러나 소멸 시효 진행 중 청구, 압류 가처분, 가압류에 의해 중단되기도 한다. 1년이 경과된 시점에서 압류를 하고 그 압류가 종료되면 종료된 시점에서 다시 소멸 시효는 3년이 된다.

1일 마스터! 성공 창업을 위한 실전 세무

재판의 청구로 인한 경우에는 소멸 시효가 10년으로 늘어나게 된다. 만약 패소했다면 패소 시점으로부터 소멸 시효는 3년이다. 장기간 미회수 되는 외상 매출금의 경우 가끔 3년의 소멸 시효가 지나 회수할 수 없게 되는 경우가 있다. 당장 회수가 어렵다면 소멸 시효 중단을 활용해 채권을 회수할 수 있는 시간을 확보해야 한다.

소멸 시효 중단 사유 ✔️

민법 제168조에 의하면, 소멸 시효를 중단시키는 사유로서 청구, 압류 또는 가압류, 가처분, 승인 3가지를 규정하고 있다.

① 청구

민법 제168조에서 말하는 '청구'는 법원의 판단을 구하는 "재판상 청구"와 법원을 통하지 않는 직접 채무자에게 청구서를 발송하는 "최고"*의 두 가지가 있다.

*최고 : "최고"는 반드시 내용 증명으로 하여 증거를 남기도록 한다. 내용 증명에 의하지 않고 우편 등의 방법으로 통지하는 것은 불완전한 '최고'로 인정받지 못한다. '최고' 후 6개월 이내에 재판상 청구 등 시효 중단의 조치를 취하지 않으면 소멸 시효의 완성을 잠정적으로 6개월간 연장시키는 효력만 가지게 된다.

② 승인

채무자가 채권자에 대하여 채무가 있다는 것을 인정하는 행위인데, 가령

'채무 확인서', '지급확약서', '지불각서' 등에 채무자가 기명날인함으로써 '승인' 이라는 절차가 이루어진다. 지불계획서 등을 받을시 너무 정형화된 형식이 아니라도 무방하다. 채무의 확인과 변제의 시기, 금액만 기재된다면 어떠한 형식이라도 가능하다.

③ 저당권 설정

채무자의 재산에 저당권을 설정하고 등기를 해 두면, 다른 채권자 보다 우선하여 채권을 회수할 수 있다. 다만 이 경우 소멸 시효를 중단시키는 효력은 없다. 그러나 저당권을 실행하고, 그에 대해 경매를 신청할 경우는 시효를 중단시키게 된다. 이 때 주의 할 점은 채무자에게 경매개시결정문이나 매각기일 통지서를 교부송달의 방법으로 하여야 한다는 점이다. 우편 송달(발송송달)이나 공시송달의 방법에 의하여 채무자에게 송달됨으로써 채무자가 압류 사실을 알 수 없었던 경우 압류 사실이 주채무자에게 통지되었다고 볼 수 없다(대법원 2002.10.11.2001다76045).

확정 판결 후 '꼭' 해야 할 일 ✍

사업과 관련하여 발생한 외상 매출금, 대여금 등에 대하여 채무자가 대금 지급을 회피하거나, 사정에 의해 회수가 어려울 때 회사는 법원의 힘을 빌려 소송을 제기한다. 판결에 의해 승소가 결정이 되면 대부분의 사업자는 판결 이후에 채무자가 무조건 채무이행 할 거라고 믿고 그 이상의 조취를 취하지 않는다.

확정 판결로 외상 매출금을 회수할 수는 없다. 법원의 판결에 의하여 확정된 외상 매출 채권은 10년간 그 권리를 행사하지 않으면 소멸시효가 완성된다. 즉, 10년 안에 채권회수를 위한 노력을 적극적으로 해야 한다. 확정 판결로 채권자는 다음의 절차를 진행할 수 있게 된다. 채무자의 재산을 조회할 수 있고 채무자가 채무를 불이행할 시 금융기관 등에 채무 불이행자로 등재할 수 있다. 이는 대손금으로 비용처리를 하기 위한 세무적 절차이기도 하다.

확정 판결 후 꼭 해야 할 일 ✔

① 소송비용 신청

② 재산 명시 신청

③ 재산조회신청

④ 채무 불이행자 등재신청

대손 처리에 필요한 재산 명시 신청 ✍️

재산 명시 신청이란 채권자가 재판에서 승소 확정 판결을 받아도 채무자가 채무 불이행할 경우, 가압류 등 강제 집행을 위한 재산을 찾을 수 없을 때 채무자의 재산을 명시해 줄 것을 관할 법원에 신청하는 절차이다. 채무자의 숨겨진 재산을 파악하여 강제 집행하고, 사업자의 경우 대손 처리를 위해 채무자의 무재산 증명을 받기 위해 필요하다.

재산 명시 신청을 하려면 확정 판결, 화해 조서, 인낙 조사, 확정된 이행 권고 결정, 확정된 지급 명령, 조정 조서, 조정에 갈음하는 결정, 공증 증서 등이 있어야 한다. 재산 명시 신청서는 채무자의 보통 재판적(통상 주소지)이 있는 곳을 관할하는 법원에 제출하여야 하고(민사집행법 61조 1항), 제출 시에 인지(1,000원)와 송달료(당사자 1인당 5회분)를 납부하여야 한다.

재산조회신청서 ✔️

재산 명시를 신청한 채권자의 신청에 따라 법원의 결정으로 공공 기관, 금융 기관, 단체 등에 채무자 명의의 재산을 조회할 수 있다. 채무자가 허위로 재산 명시를 할 경우를 대비해서 적극적으로 채무자의 재산을 조회 할 수 있다.

1일 마스터! 성공 창업을 위한 실전 세무

못 받은 돈, 법적으로 신용불량자 등록하기 ✍

채무 불이행자 명부 등재 제도는 금전채무를 일정기간 내에 이행하지 아니하거나, 재산 명시 절차에서 감치 또는 허위로 재산 명시하는 등 위법행위를 한 채무자의 이름을 등재시키는 것을 말한다. 법원은 등재 결정을 한 후 채무자 주소지 시·구·읍·면장에게 부본을 보내고 전국 은행 연합회의 장에게도 부본을 보내거나, 전자통신 매체를 이용하여 그 내용을 통지하게 된다.

민사소송을 진행하여 승소하였더라도 채무자가 채무를 이행하려 하지 않는다면 채권자가 취할 수 있는 조치에는 한계가 있다. 때문에 이 경우 채무 불이행자 명부 등재를 통해 채무자의 경제 활동을 불가능하게 할 수 있다. 등재 결정이 되면 신용카드 사용정지, 신규 대출 불가, 기존 대출금의 일시 반제요구 등 금융거래 제약을 받게 된다. 채무자의 현재와 미래의 경제 활동을 압박해서 채권회수의 한 방법으로 활용할 수 있다.

경비는 양날의 검이다

가공경비가 뭐예요? ✍

　소득세 신고 때 사업자는 세금이 많이 나오게 되면 무조건 세무사에게 세금을 줄여달라고 한다. 세무사는 사업에 관련된 증빙을 가져오라고 한다. 즉 증빙이 있어야 비용으로 인정받을 수 있다고 안내를 한다. 증빙 없이 비용처리하는 것은 탈세이다.

　가공경비는 지출되지 않은 경비를 허위로 비용처리하는 것을 말한다. 세무 조사나 사후 검증 시 가공경비로 확인되면 무거운 세금을 사업자가 부담하게 된다.

　국세청에서는 사업자가 신고한 경비와 국세청이 보유하고 있는 정보를 비교해 차이가 클 경우 비용에 관련한 소명 자료를 요청한다. 이 경우 가공으로 비용을 계상했다면 소명 자료를 제출 하지 못하게 되고 세금을 추징 받게 된다.

국세청이 모든 사업장을 조사할 수 없기에, 가공경비로 당장 세금 납부를 피할 수 있을 수는 있지만 세금 자체가 줄어들지는 않는다. 가공경비로 세금을 회피하기보다는 철저한 준비와 절세 방안을 찾아서 세금을 줄이는 노력을 해야 한다.

'위장거래'와 '가공거래' ✍

거래처의 요청이나 압력에 의해 거래 금액보다 큰 금액으로 세금 계산서를 발행하거나, 시가보다 낮은 금액으로 상품을 매입하는 경우 거래 상대방에서는 무자료 거래를 요구하는 경우가 있다. 거래처의 부탁에 의해서 또는 거래 사실을 확인하지 못해서 사실과 다른 세금 계산서를 발행받는 경우도 있다. 대부분 사업자는 세금 계산서가 발행되었기 때문에 세무적으로 문제가 없을 것으로 생각한다.

이유 불문하고 사실과 다르게 세금 계산서를 발행하거나 발행받아 세무 조사를 받는 경우를 많이 봤다. 가공·위장거래로 사업이 망할 수도 있다는 점을 명심해야 한다.

'위장거래'란 거래내용이 실제의 거래내용과 다른 경우를 말한다. 실물거래는 있지만 실제 거래와 거래 품목, 거래상대방, 거래금액이 다른 경우이다. '가공거래'는 실제 거래하지 않고 세금 계산서만을 주고받은 거래를 말한다.

위장거래와 가공거래는 추징되는 세금의 차이가 크다. 위장거래의 경우에는 비용은 인정받아 부가가치세만 추징당하고 소득세는 추징당하지 않는다. 반면, 가공거래로 밝혀지게 되면 비용 전체를 부인하여 부가가치세와 소득세를 추징당하게 된다.

거래처 사정에 의해 어쩔 수 없이 위장거래를 해야 하는 경우가 있다. 위장거래의 경우 실제 거래 사실을 입증하지 못하면 소득세(법인세)까지 추징당하게 된다. 위장거래를 할 경우 거래 사실을 입증하기 위해서는 금융 자료를 제시해야 한다. 은행을 통하여 거래 대금을 지급하고 거래에 관련한 입증 서류를 제출하면 인정받을 수 있다. 그러나 현금으로 지출한 경우에는 인정받기 어렵다. 거래 사실을 객관적으로 입증할 수 없기 때문이다. 거래 사실을 입증하지 못하면 세금을 내야 한다. 거래 사실을 증명할 수 있는 금융 자료와 입증 서류는 꼭 챙겨야 한다.

'자료상'이란? ✔
재화나 용역의 공급 없이 가짜 세금 계산서를 발행한 자로써 ①거래의 금액 전액을 가짜 세금 계산서를 발행한 자 ②해당 과세 기간 가짜 세금 계산서를 50% 이상 발행한 자 ③50%에 미달하더라도 가짜 세금 계산서 발행 금액이 5억 원 이상인 자를 말한다.

자료상 행위를 한 자는 3년 이하의 징역 또는 그 세금 계산서 및 계산서에 기재된 공급가액이나 매출처별 세금 계산서 합계표, 매입처별 세금 계산서 합계표에 기재된 공급가액 또는 매출처별 계산서 합계표, 매입처별 계산서 합계표에 기재된 매출·매입금액에 부가가치세의 세율을 적용하여 계산한 세액의 3배 이하에 상당하는 벌금을 납부해야 한다.

위장, 가공거래 시 추징되는 세금은? ✍️

부가가치세 ✔️

구분	공급자(매출자)	공급받는 자(매입자)
위장거래	공급가액 변동 없음	공제받은 매입세액 추징
	매출 세금 계산서 불성실 가산세	· 매입 세금 계산서 불성실 가산세 · 신고 불성실 가산세 · 납부 불성실 가산세
가공거래	공급가액 경정청구 가능	공제받은 매입세액 추징
	매출 세금 계산서 불성실 가산세	· 매입 세금 계산서 불성실 가산세 · 신고 불성실 가산세 · 납부 불성실 가산세

소득세, 법인세 ✔️

구분	소득세(개인 사업자)	법인세(법인 사업자)
위장거래	소득 금액 변동 없음 (비용인정)	소득 금액 변동 없음 (손금인정)
	소득세 추징 없음 증빙불비 가산세	법인세 추징 없음 증빙불비 가산세
가공거래	소득 금액 변동 있음 (비용부인)	소득 금액 변동 있음 (손금부인) 대표이사 상여처분 (소득세 과세)
	소득세 납부	법인세 납부 대표이사 소득세 납부

배우자의 인건비 경비처리 가능할까요? ✍️

개인 기업이든 법인 기업이든 모두 이익 추구를 위해 사업을 영위한다. 이익을 창출하기 위해 지출되는 비용에서 인건비가 차지하는 비중은 크다. 중소기업의 경우 조금이라도 경비를 줄이기 위해 배우자와 자녀 등 친인척이 근무하는 경우를 자주 보게 된다.

회사를 경영하면서 직원을 줄여야 하는 어려운 상황이 왔을 때나 직원 채용이 장기화될 때 등 회사가 어려울 때 가장 먼저 도움을 요청하는 대상은 가까운 가족이다. 세법에서도 사업자의 사업에 직접 종사하고 있는 그 사업자의 배우자 또는 부양가족에게 지급한 인건비도 필요 경비로 인정하고 있다.

그러나 세법에서 필요 경비로 인정해 준다고 해서 무조건 다 비용으로 인정되는 건 아니다. 간혹 친인척에게 지급된 인건비를 부인당해 세금이 추징되기도 하고, 세무서에 인건비 지급 사실을 입증해야 하는 소명 안내 자료를 받기도 한다.

만약 세금을 줄이기 위해 배우자가 실제 사업에 종사하지 않고 허위로 급여를 지급하는 경우에는 경비로 인정받을 수 없고 관할 세무서장이 고의, 부정행위로 세금을 포탈했다는 혐의로 고발할 수도 있다. 실제 일하지 않은 배우자를 직원으로 신고하는 일은 없어야 하겠다.

배우자에게 급여 지급 시 꼭 지켜야 할 사항 ✍️

일반 중소기업에 배우자가 회사에 근무하는 경우를 많이 봤다. 배우자에게도 일정 금액의 급여를 지급하게 된다. 배우자라 해도 사회 통념상 적정 급여를 줘야 한다. 다른 직원에 비해 과다하게 급여를 지급하게 되면 세금이 추징될 수 있다. 특별한 사정없이 배우자라는 이유로 과다하게 지급하는 급여는 경비로 인정받지 못하게 된다.

법인 대표가 꼭 알아야 하는 가지급금 ✍️

법인에게 가장 골칫거리 계정 과목이 있다. 바로 가지급금이다. 업력이 오래된 법인일수록 가지급금 액수도 크다. 가지급금은 지출된 금액에 대한 항목이 불분명하여 처리할 수 없을 때 사용하는 계정 과목이다.

가지급금은 법인의 세금을 증가시키고 대표이사에게는 소득세와 4대 보험료를 증가시킨다. 또한 법인의 신용도를 하락시켜 자금조달을 어렵게 하고 가지급금을 대손 처리 할 경우 업무상 횡령이나 배임죄로 처벌받을 수 있다.

가지급금이 발생하지 않는 법인도 많다. 그러나 법인을 운영하다 보면 부득이하게 발생하는 경우도 있다. 사업 초기에는 대부분 관리 소홀로 인한 경우가 많으나, 영업 활동 시 리베이트 비용 및 접대비, 대표이사 및 임원의 무분별한 지출, 가공매출과 경비축소, 장기 악성 매출 채권회수를 가지급금으로 대체하는 경우 등이다.

법인 사업자라면 가급적 가지급금이 발생하지 않도록 노력해야 한다. 특히 관리 소홀로 인한 발생은 없도록 해야 한다. 관리 소홀이 아닌 가지급금은 구조적으로 매년 증가하게 된다. 법인의 대표는 매년 결산 시 가지급금으로 인한 세무적인 문제점에 대해 고민하고 해결책을 준비해야 한다.

1일 마스터! 성공 창업을 위한 실전 세무

세금 5년간 안 내면 없어질까? ✍️

폐업을 하게 되는 이유는 대부분 사업이 어려워졌기 때문이다. 이 경우 폐업하면서 세금 신고와 납부를 하지 않는 경우가 많다. 사정에 의해 세금을 체납했을 경우 이후 사정에 따라 납부하곤 한다. 5년 동안 세금을 안 내고 버티면 있던 세금이 없어진다고 생각하는 사업자도 많다. 실제로 국세기본법 시행령에 따르면 국세징수권의 소멸 시효는 5년이며, 체납 국세가 5억 원 이상인 경우에는 시효를 10년으로 정하고 있다.

그러나 세금은 그렇게 쉽게 없어지지 않는다. 국세청에서 세금을 고지, 독촉, 납부 최고, 교부 청구 및 압류 등의 조치를 취한 경우에는 그 소멸 시효 기간이 없어지게 된다. 만약 소멸 시효 1개월을 앞두고 독촉장이 왔다면 다시 5년을 기다려야 한다.

그러나 이렇게 세금을 안 내고 버티면 5년 동안 관허 사업을 할 수 없고, 신용정보기관에 체납 사실이 제공되고, 출국 규제 등 새로운 사업자 등록도 할 수 없게 된다는 점도 알아야 한다.

체납하면 출국 금지 당할까? ✍

업무차 해외출장을 계획 중인 대표에게 전화가 왔다. 예전에 체납된 세금이 있는데 출국 금지가 되어 있지 않을까 걱정이 된다는 내용이었다. 확인해 본 결과 체납액이 5천만 원 미만이어서 괜찮다고 답했다.

국세징수법 시행령에 따르면 정당한 사유 없이 5천만 원 이상 국세를 체납한 사람 중 조세 채권을 확보할 수 없고, 체납 처분을 회피할 우려가 있다고 인정되는 사람에 대해 법무부 장관에게 출국 금지를 요청할 수 있다.

5천만 원 이상의 체납자 중 가족이 해외로 이주했거나 최근 2년간 5만 달러 상당을 해외 송금한 사람, 5만 달러 상당의 국외 자산이 있는 사람, 고액·상습 체납자, 국외 출입 횟수가 최근 1년간 3회 이상이거나 국외 체류 일수가 6개월 이상인 사람으로 되어 있다.

20여 년 이상 사업자들을 만나면서 고의로 세금을 체납하는 사업자는 본 적 없다. 대부분 경영상의 이유로 체납하게 된다. 또한, 사업자들은 늘 재기에 도전한다. 체납 중인 사업자를 유지하며 중간중간 세금도 납부하고 최선을 다한다.

단지 체납액이 크다는 이유로 기업 활동을 제한하는 무조건적인

1일 마스터! 성공 창업을 위한 실전 세무

출국 금지는 개선되어야 한다.

TIP 행정심판을 통한 세금체납 출국 금지 해제

고액 체납자라 하더라도 재산을 해외로 유출할 우려가 없다면 출국 금지 처분을 해서는 안 된다. 출국 금지 처분이 헌법에 보장된 국민의 기본권을 제한하는 행정처분인 만큼 필요 최소한의 범위 안에서 행해져야 한다(중앙행정심판 결정. 국민권익위원회 20130403).

5장

아무도 모르는
절세 특급 노하우

부가가치세 절세 노하우 5가지

부가가치세 절세 노하우, '세금 계산 구조'가 핵심 ✍️

모든 세금에는 각각의 세금 계산 구조가 있다. 세금을 납부하면서 이 세금이 어떻게 계산되었는지 모르고 무작정 내는 경우가 많다. 하지만 세금이 어떻게 계산되는지 세금 계산 구조를 알아야 효과적인 절세 방안을 마련할 수 있다.

세금을 줄이려면 먼저 더하기 빼기를 잘해야 한다. 뺄 수 있는 게 무엇인지 알아야 하고, 안 내도 될 세금은 더 내지 말아야 한다. 즉 가산세는 줄이고, 공제받을 수 있는 항목은 최대한 늘려야 세금을 줄일 수 있다.

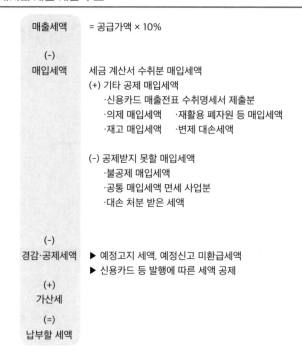

매출세액	= 공급가액 × 10%
(-)	
매입세액	세금 계산서 수취분 매입세액
	(+) 기타 공제 매입세액
	·신용카드 매출전표 수취명세서 제출분
	·의제 매입세액 ·재활용 폐자원 등 매입세액
	·재고 매입세액 ·변제 대손세액
	(-) 공제받지 못할 매입세액
	·불공제 매입세액
	·공통 매입세액 면세 사업분
	·대손 처분 받은 세액
(-)	
경감·공제세액	▶ 예정고지 세액, 예정신고 미환급세액
	▶ 신용카드 등 발행에 따른 세액 공제
(+)	
가산세	
(=)	
납부할 세액	

매입세액 잘 챙겨야 줄일 수 있다 ✍

부가가치세 신고 기간에 사장님들과 상담을 하다 보면 두 가지 말을 공통적으로 듣곤 한다. '부가가치세 내기가 너무 아까운데 어떻게 하면 부가가치세 줄일 수 있나?'는 것과 '누구는 부가가치세를 거의 내지 않는데 나는 너무 많이 낸다'는 것이다. 부가가치세는 업종에 따라 다르다. 같은 업종이라도 부담해야 할 부가가치세가 다를 수 있다.

앞에서 부가가치세 구조로 살펴보았듯이 공제받을 수 있는 항목들을 얼마나 잘 챙겼느냐에 따라서 달라질 수 있다.

그렇다고 아무 증빙이나 부가가치세를 공제 가능한 것은 아니다. 매입세액 공제를 받기 위해서는 반드시 적격 증빙으로 챙겨야 한다. 사업 관련 비용을 지출할 경우 반드시 세금 계산서, 계산서, 신용카드, 현금 영수증으로 받아야만 부가가치세를 공제 받을 수 있다. 간혹 부가가치세 신고 때 매입 자료로 간이 영수증이나 입금표, 거래 명세서, 송금 명세서를 가져오시는 분들도 있다. 안타깝게도 모두 부가가치세 공제를 받을 수 없는 매입자료들이다.

이처럼 부가가치세는 사업자가 직접 챙기지 않으면 줄일 수 없다. 세무사가 아무리 유능하더라도 적격 증빙 없이는 세금을 줄일 수 없다.

놓치기 쉬운 기타 매입세액 100% 챙기기 ✍

부가가치세를 줄이기 위해서는 기본적으로 매입세액이 많아야 한다. 부가가치세 계산 구조상 매입세액을 차지하는 대부분은 세금 계산서에 의한 매입세액이다. 절대적으로 세금 계산서 비중이 크다.

요즘 부가가치세 신고는 홈택스로 직접하고, 소득세 신고는 세무사 사무실에 대행하는 사업자들을 자주 볼 수 있다. 필자도 소득세 상담 때 사업자들이 홈택스로 직접 신고한 부가가치세 신고서를 보게된다. 그런데 부가가치세 신고서 매입세액 공제란에 세금 계산서 매입세액만 있고 신용카드 매입세액 공제, 의제 매입세액 공제 등 기타공제 매입세액이 없는 경우가 많다. 사업을 하면서 사업 관련 비용을 지출할 때 100% 세금 계산서만 받을 수는 없다. 사업 관련 지출의 일정 부분을 차지하는 것이 바로 신용카드와 현금 영수증이다. 그런데이에 대한 매입 자료가 부가가치세 신고에서 모두 빠진 것이다.

부가가치세 신고 시 공제해주는 기타 공제 매입세액에는 신용카드 매출전표, 재활용 폐자원 등 매입세액, 의제 매입세액, 재고 매입세액, 변제 대손세액이 있다. 기타 공제 매입세액을 받을 수 있는 항목이 무엇인지 알아야 한다. 세액 공제는 사업자가 적극적으로 챙겨야 한다. 업종마다 세액 공제를 받을 수 있는 항목들이 다르기 때문이다.

부가가치세 공제받지 못하는 매입세액도 있다 ✍

1인 기업을 운영하는 대표가 7월 부가가치세 신고를 하기 위해 찾아온 적이 있다. 컴퓨터 프로그래머로 사업자 등록을 하고 1년 매출액은 1억 원 정도였다. 사업을 열심히 운영하면서 이번에 크게 마음을 먹고 차를 구매했다고 한다. 아마도 이번 부가가치세는 환급받을 것 같다는 것이다.

상반기 매출액이 5천만 원 정도 되고, 차량 구입가격이 8천만 원이었다. 따라서 3백만 원 정도 부가가치세 환급이 될 것 같다고 생각하고 찾아왔지만, 안타깝게도 부가가치세 환급을 받을 수 없었다. 구입한 자동차가 부가가치세가 공제되지 않는 1,000cc 이상의 승용차였기 때문이다. 승용차의 경우 정원 9인승 이상과 1,000cc 미만 경차만 부가가치세 공제가 가능하다. 만약 부가가치세를 공제받을 수 있는 차량을 구입했다면 부가가치세 8백만 원을 공제받을 수 있었을 것이다.

이처럼 부가가치세가 공제되지 않는 항목들이 있다. 가장 대표적인 것이 접대비 지출과 관련된 매입세액, 사업과 직접 관련 없는 지출과 관련된 매입세액, 비영업용 승용차의 구입·유지 등에 관한 매입세액, 면세 사업 관련된 매입세액, 토지 관련 매입세액, 사업자 등록 전 매입세액 등이 있다. 부가가치세 매입세액 불공제 항목을 미리 알고 준비한다면 부가가치세를 억울하게 납부하는 일은 없을 것이다.

안 내도 될 세금, 가산세는 피하자 ✍

"세금 낼 돈도 없는 데 부가가치세 신고 안 하면 안 되나요?"

세금 납부를 못하더라도 신고는 해야 한다. 부가가치세 신고는 하고 납부만 못했을 경우 가산세는 지연 납부에 관한 납부 불성실 가산세(미납세액×2.5/10,000×미납 일수)만 부담하면 된다.

그러나 부가가치세 신고 자체를 안 했을 경우에는 추가적인 다른 가산세를 부담해야 한다.

부가가치세 미신고 시 발생하는 가산세 ✔

① 신고 불성실 가산세(납부세액×20%)

② 납부 불성실 가산세(미납세액×2.5/10,000×미납일수)

③ 세금 계산서 합계표 제출 불성실 가산세(합계표 미제출한 공급가액× 0.5%)

매출액이 1억 원이고 매입세액이 없을 경우 납부해야 할 부가가치세는 1천만 원이다. 이 경우 신고를 먼저 하고 6개월 후에 납부한 경우와 6개월 후 신고·납부를 함께 했을 경우의 세금 차이를 살펴보자.

신고는 정상적으로 하고 6개월 후 납부할 경우 미납 일수 180일에 해당하는 납부 불성실 가산세 45만 원(1천만 원×2.5/10,000×180일) 만을 납부하면 된다. 그러나 6개월 후 신고하고 납부할 경우 신고 불성실 가산세 2백만 원(1천만 원×20%)과 세금 계산서 합계표 제출 불성실 가산세 50만 원(1억 원×0.5%)을 합쳐 2백 50만 원을 추가적으로 납부해야 한다. 제때 신고만 했어도 가산세 2백 50만 원을 줄일 수 있었던 것이다.

소득세 절세 노하우 5가지

소득세 절세 노하우, '세금 계산 구조'가 핵심 ✍

"업종도 같고 매출액도 비슷한데 왜 제 소득세가 더 많은가요?"

결론부터 말하자면 업종과 매출액이 비슷하더라도 세금은 다를 수 있다. 왜냐하면 사업의 조건과 환경이 같지 않기 때문이다. 또한 계산 구조상 소득 금액이 같더라도 각종 공제·감면사항이 다르기에 소득세가 전부 같을 수 없다.

세무사 사무실의 경우를 살펴보자. 매출액도 비슷하고 업종도 같은 세무사 사무실이라도 사무실의 위치에 따라서 임대료가 달라질 수 있다. 또한 직원의 업무 능력과 경력에 따라 직원의 숫자도 같지 않다. 창업의 형태에 따라서 다를 수도 있다. 사업 자금을 은행 대출을 받아서 시작했다면 이자 비용을 추가로 부담해야 한다.

이처럼 매출액과 업종이 같다 하더라도 세금까지 같을 수는 없다. 그러나 소득세 계산 구조를 이해한다면 나만의 절세 비법을 찾을 수 있다.

소득세 계산 구조는 총수입 금액(매출액)에서 필요 경비(비용)를 차감하면 소득 금액이 된다. 소득 금액에서 소득 공제를 빼면 과세표준이 되고, 이 과세표준에 세율을 곱하면 산출세액이 계산된다. 여기에 각종 세액 공제와 감면을 빼면 납부할 세액이 계산된다.

계산 구조를 잘 살펴보면 절세의 방법이 보인다. 납부 세액을 줄일 수 있는 차감 항목들을 최대화하는 것이 절세의 비법이다.

소득세 계산 구조 ✔

총수입 금액

(-)   필요 경비

___

소득 금액

(-)   소득 공제 ── - 기본공제(본인, 배우자, 부양가족)
                  - 추가공제(경로 우대, 장애인 등)
                  - 연금보험료 공제(국민연금, 기타 공적연금)
                  - 소기업, 소상공인 공제부금 소득공제 등

___

과세표준

× 세율

산출세액

(-)　　세액감면/공제 ── 특별세액 공제(보험료, 의료비, 교육비, 기부금, 표준세액 공제)
- 기장세액 공제
- 외국 납부세액 공제
- 재해손실 세액 공제
- 근로 소득 세액 공제
- 배당세액 공제
- 전자 신고 세액 공제
- 성실 신고 확인 비용 세액 공제
- 중소기업 특별 세액 공제 등

(+)　　가산세 ── 무(과소)신고 가산세
- 납부(환급) 불성실 가산세
　　　　납부할 세액 ── 보고 불성실 가산세
- 증빙불비 가산세
- 무기장 가산세 등

가산세 종류 ✔

종 류	사 유	가산세액 계산
(1)미등록 및 타인 명의 등록 가산세	사업 개시일부터 20일 이내에 사업자 등록을 하지 않은 경우나 타인 명의로 등록한 경우	공급가액×1%
(2)세금 계산서(전자 세금 계산서 포함) 지연발급 * 공급시기가 속하는 과세 기간에 대한 확정신고 기한까지 발급		공급가액×1%
(3)세금 계산서의 필요적 기재사항 부실기재 가산세		공급가액×1%
(4)세금 계산서(전자 세금 계산서 포함) 미발급 가산세 *전자 세금 계산서 의무 발급자가 전자 외로 발급한 경우 공급가액의 1%		공급가액×2%
(5)가공세금 계산서 발급(수취) 가산세, 자료상에 대한 가산세		공급가액×3%
(6)위장세금 계산서 발급(수취) 가산세		공급가액×2%
(7)세금 계산서 등의 공급가액 과다기재 발급(수취) 가산세		공급가액×2%
(8)경정기관 확인 신용 카드 매출전표 등 가산세	경정기관의 확인을 거쳐 신용카드 등의 매입세액을 공제받는 경우	공급가액×1%
(9)매출처별 세금 계산서 합계 표 불성실 가산세	① 미제출·부실기재	공급가액×0.5%
	② 지연제출	공급가액×0.3%
(10)매입처별 세금 계산서 합계표 불성실 가산세	① 매입 세금 계산서 지연수취	공급가액×0.5%
	② 합계표의 미제출·부실기재로 경정 시 세금 계산서 등에 의하여 매입세액 공제 받는 경우	
	③ 합계표의 공급가액을 과다 기재하여 매입세액 공제 받은 경우	
(11)신고 불성실 가산세	① 무신고	부당 무신고	해당세액×40%
		일반 무신고	해당세액×20%
	② 과소 신고	부당 과소 신고	해당세액×40%
		일반 과소 신고	해당세액×10%
	③ 초과환급 신고	부당 초과환급	해당세액×40%
		일반 초과환급	해당세액×10%
(12)납부지연 가산세	① 미달납부(초과환급 받은) 세액	미달납부(초과환급)세액 ×(2.5/10,000)×일수
(13)현금 매출명세서 가산세	① 현금 매출명세서 미제출 가산세	미제출 또는 부실기재 금액×1%
	② 부동산임대 공급가액 명세서 미제출 가산세	
(14)영세율 과세표준신고 불성실가산세	① 과세표준의 무신고·과소 신고	공급가액×0.5%
	② 영세율 첨부서류 미제출	
(15)매입자 납부특례 거래계좌 미사용에 대한 가산세	① 거래계좌 미사용	제품가액×10%
	② 거래계좌 지연입금	지연입금 세액× (2.5/10,000)×일수
(16)대리납부 불성실 가산세	대리납부의 불이행	미납세액×3%+미납세액× (2.5/10,000)×일수 [한도:10%]

소득세법상 필요 경비란? ✍

5월은 개인 사업자의 경우 종합 소득세 신고를 하는 달이다. 개인 사업자는 1년 동안의 소득에 대하여 다음해 5월 31일까지 신고·납부하게 되어 있다. 지난 1년 동안의 부가가치세 신고, 원천세 신고, 각종 영수증 등을 종합하여 소득세 신고를 하게 된다. 대부분의 사업자는 세무사 사무실을 통해 장부작성을 대행하여 신고하게 된다.

종합 소득세 계산 시 경비나 비용으로 인정받는 항목들을 필요 경비라 한다. 소득세 신고는 1년 동안의 실적에 대한 신고이다. 따라서 1년 동안 사업과 관련하여 발생한 필요 경비를 빠짐없이 장부에 반영해야 한다.

소득세 계산 구조상 장부에 반영하지 못하면 그 금액만큼 이익이 증가하게 된다. 사업자가 사업과 관련하여 지출한 경비를 장부에 반영하지 않았으면 누락된 금액의 6%에서 42%까지 소득세를 추가로 납부하게 된다. 즉 100만 원의 비용을 장부에 반영하지 못했을 경우 최소 6만 원에서 최대 42만 원의 소득세를 부담하게 된다. 사업과 관련하여 지출할 경우 반드시 장부에 반영할 수 있는 비용 증빙을 받아야 한다.

1일 마스터! 성공 창업을 위한 실전 세무

경비로 인정받을 수 없는 항목이 있다 ✍

반복해서 말하지만, 사업자가 사업을 하면서 지출하는 모든 비용 항목이 경비로 인정되는 것은 아니다. 사업자의 경우 경비 지출 시 대부분 신용카드를 사용한다. 사업을 시작하시는 초보 사장님들은 꼭 국세청 홈택스에 등록한 사업용 신용카드를 사용하면 100% 경비 처리가 가능한지 묻는다.

국세청 홈택스에 등록된 사업용 신용카드를 사용해서 지출했다 하더라도 업무와 관련성이 없으면 경비 처리가 불가능하다. 그리고 접대비의 경우는 비용으로 인정받을 수 있는 한도가 정해져 있다. 이처럼 사업자가 지출하는 항목 중 필요 경비로 인정받을 수 없는 비용이 있다.

신규 사업자의 경우 홈택스에 회원가입을 하고 가장 먼저 하는 것이 바로 사업용 신용카드 등록이다. 사업용 신용카드를 국세청 홈택스에 등록하게 되면 부가가치세 신고 시 매입세액 공제를 받을 수 있고, 소득세 신고 때 필요 경비로 인정받아 소득세를 줄일 수 있다. 국세청 홈택스에 사업용 신용카드로 등록한다는 것은 사업과 관련해서 신용카드를 사용하겠다는 것이다. 즉 사업용 신용카드로 국세청 홈택스에 등록이 되었다 하더라도 사업과 관련 없이 지출한 경우에는 필요 경비로 인정받을 수 없게 된다.

홈택스에 등록된 사업용 신용카드의 사용내역은 국세청에 자동으로 통보되고 분석된다. 언제, 어디서, 어떤 항목으로 사용했는지 자세하게 확인할 수 있다. 국세청에서는 사업용 신용카드 사용현황을 분석하여 소득세 신고 안내 자료에 사업용 신용카드 사용내역 중 업무와 관련이 적은 5가지 항목을 선정하여 소득세 신고 시 참고하도록 안내하고 있다.

5가지 업무 무관 경비 ✔

국세청이 업무와 관련이 적다고 판단하는 5가지 항목은 다음과 같다. 즉 업무 무관 경비로 세무상 필요 경비로 인정받기 어려운 항목이기도 하다.

① 신변잡화 구입(가사 관련 용품)

② 가정용품 구입(의료용 기구, 화장품, 예술품)

③ 업무무관 업소이용(스포츠 교육기관, 수의업, 오락장)

④ 개인적 치료(성형외과, 피부과, 한방병원 등 사용액)

⑤ 해외사용액

국세청 홈택스에 사업용 신용카드를 등록하고 사용할 경우 위의 5가지 항목으로는 사용하지 말아야한다. 오히려 홈택스에 사업용 카드로 등록한 것이 독이 될 수도 있다. 사업용 신용카드로 등록했다면 사업과 관련하여 지출할 수 있도록 노력해야 한다. 사업용 신용카드 사용액 중 업무 무관 관련 경비 지출이 많을 경우 증빙 자료에 대한 소명 요구나 심하면 세무 조사 대상자에 선정이 되어 세무 조사로 세금을 추징당할 수도 있다.

소득 공제로 세금 줄이기 ✍️

소득 공제는 말 그대로 소득에서 공제해주는 것을 말한다. 소득을 줄여주기 때문에 그만큼 세금도 줄어들게 된다. 따라서 소득 공제를 많이 받아야 소득세를 적게 낼 수 있다. 소득 공제는 3가지로 인적 공제와 특별 소득 공제, 기타 소득 공제가 있다. 소득 공제는 사업자가 스스로 챙겨야 한다. 세무사 사무실에서 항목별로 검토해줄 수도 있겠지만 개인적인 사항이라 변수도 많아 매해 달라질 수 있다. 따라서 사업자 스스로 공제 항목에 대해 알고 있어야 챙길 수도 있다. 또한 빠진 공제 항목이 있다면 추가로 보완할 수도 있다.

인적 공제 ♥

인적 공제는 기본 공제와 추가 공제로 이루어진다. '기본 공제'는 본인 공제, 배우자 공제, 부양가족 공제로 연 150만 원을 공제한다. '추가 공제'는 경로우대자 공제, 장애인 공제, 부녀자 공제, 한 부모 소득 공제가 있다. 인적 공제를 받기 위해서는 연령과 소득 등 일정 요건을 충족해야만 공제가 가능하다. 공제 항목별로 공제 대상에 해당하는지 살펴보아야 한다.

기본 공제 대상자	소득 금액 요건	연령 요건	생계 요건	일시퇴거
본인	없음	없음	없음	없음
배우자	연간 소득 금액 100만 원 이하(근로 소득만 있는 경우 총급여 500만 원 이하)	없음	없음	없음
직계비속		만 20세 이하	없음	
동거입양자				
위탁 아동		만 18세 미만	없음	
본인(또는 배우자)의 직계존속		만 60세 이상	※ 주민등록표상 동거가족으로서 생계를 같이함 ※ 주거 형편상 별거 허용	없음
본인(또는 배우자)의 형제자매		만 20세 이하 또는 만 60세 이상	주민등록표상 동거가족으로서 생계를 같이함	인정
"국민기초생활 보장법"상 수급자		없음		

특별 소득 공제 ✔

특별 소득 공제는 근로 소득이 있는 거주자가 해당된다. 따라서 사업자는 특별 소득 공세를 받을 수 없다. 특별 소득 공제는 보험료 공제와 주택지금 공제가 있다. 보험료 공제는 근로자가 부담하는 건강 보험료, 고용 보험료, 노인 장기요양 보험료로 전액을 공제받을 수 있다. 주택자금 공제는 주택청약 종합저축 등에 대한 소득 공제, 주택임차 차입금 원리금 상환액 공제, 장기주택 저당차입금 이자상환액 공제로 구분되며 공제 대상 금액 및

1일 마스터! 성공 창업을 위한 실전 세무

산정 방법을 달리하고 있다.

기타 소득 공제 ✔

기타 소득 공제에는 연금보험료 공제, 주택담보 노후연금 이자비용 공제, 소기업·소상공인 공제 부금에 대한 소득 공제, 중소기업창업투자조합 출자 등에 대한 소득 공제가 있다.

사업자의 경우 소기업·소상공인 공제 부금을 활용한 절세방안을 마련하는 것을 추천한다. 노란우산공제는 소기업·소상공인이 폐업이나 노령 등으로 인해 어려운 생활에 안정을 기하고, 사업 재기 기회를 제공받을 수 있도록 사업주의 목돈 마련을 위한 공제 제도이다. 소기업·소상공인 공제(노란우산공제)는 분기별로 300만 원 이하로 공제 부금을 납입할 수 있다. 사업자의 경우 사업 소득 금액이 4천만 원 이하인 경우 500만 원, 4천만 원 초과 1억 원 이하인 경우 300만 원, 1억 원 초과인 경우 200만 원까지 소득 공제가 가능하다.

2016년 1월 1일 이후 가입분부터는 사업 소득 금액에서만 공제하되, 법인 대표이사의 경우 해당 과세 기간의 총급여액이 7천만 원 이하인 경우에는 근로 소득 금액에서 공제할 수 있다.

세액 공제로 세금 줄이기 ✍

세액 공제란 산출세액에서 일정한 금액을 공제해주는 것을 말한다. 세액 공제는 「소득세법」에서의 세액 공제와 「조세특례제한법」에서의 세액 공제가 있다. 세액 공제는 직접적으로 세액에서 공제해주기 때문에 절세 효과가 크다. 세액 공제를 못 받아서 안내도 될 세금을 추가로 납부하는 일은 없어야 한다.

소득세법상 세액 공제는 대부분 기본적인 세액 공제이기에 그 조건과 적용이 어렵지 않다. 그러나 조세특례제한법상 투자 촉진과 같은 특정 목적을 가지고 있기 때문에 특정한 요건을 갖추어야만 세액 공제를 받을 수 있다. 따라서 사업자마다 개별적으로 검토해야 할 사항이 많다. 또한 세액 공제는 전문가와 충분한 검토 과정을 거쳐 진행해야 한다. 요건을 갖추지 못한 채 세액 공제를 받아 국세청의 사후 검증에 적발되면 공제받은 세액과 함께 가산세를 추가 납부하게 된다.

소득세법상의 세액 공제 ✔

1일 마스터! 성공 창업을 위한 실전 세무

구 분	공제 금액	공제 한도	비고
1. 배당세액 공제 (소법 §56)	배당수입 금액×11%	원천 세율 적용 비교 과세	Gross-up 대상이 아닌 경우는 공제 불가
2. 기장세액 공제 (소법 §56의2)	기장 소득에 대한 산출세액 상당액×20%	100만 원	복식 부기 의무자는 공제 불가
3. 외국납부 세액 공제 (소법 §57)	외국소득세액	국외 소득에 대한 산출 세액 상당액	필요 경비 산입도 가능
4. 재해손실 세액 공제 (소법 §58)	소득세액×재해상실비율	상실된 자산의 가액	변상 책임 있는 타인 자산 포함
5. 근로 소득 세액 공제 (소법 §59)	산출세액×55%(30%)	74(66, 50)만 원	일용 근로자는 산출세액의 55%
6. 자녀세액 공제 (소법 §59의2)	·자녀 1-2인 : 1인당 15만 원 ·자녀 3인 이상 : 2인 초과 자녀당 30만 원 ·출생·입양 : 첫째 30만 원, 둘째 50만 원, 셋째 70만 원	종합 소득 산출세액	6세 이하 자녀 세액 공제 폐지
7. 연금계좌 세액 공제 (소법 §59의3)	연금계좌 납입액×12%(종합 소득 4,000만 원이하, 총급여액 5천 500만 원 이하 : 15%)	연금계좌 납입한도 400만 원(종합 소득 금액 1억 원 초과 또는 총급여 1억2천만 원 초과 300만 원)	퇴직연금 포함 700만 원 한도

구 분		공제 금액	공제 한도	비고
8. 특별세액 공제 (소법 59의4)	보험료	일반보험료×12% 장애인전용 ×15%	일반 : 12만 원 장애인전용 : 15만 원	
	의료비	공제대상 의료비×15% (난임 시술비 20%)	105만 원(140만 원), 본인·장애인·65세 이상자 한도 없음	총급여액의 3% 초과 의료비
	교육비	공제대상 교육비×15%	·유치원, 보육시설, 학원 및 체육시설, 초·중·고등학교 : 1인당 연 45만 원 ·대학교 : 1인당 연 135만 원	장애인특수교육비는 한도 없음
	기부금	법정·지정 기부금×15% (1000만 원 초과분 30%)	기부금 한도 ·법정 : 소득 금액 ·지정 : 소득 금액의 30%, 종교단체 10%	10년간 이월공제
	표준세액공제	· 근로자 : 13만 원 · 성실 사업자 : 12만 원 기타 · 거주자 : 7만 원		
9. 납세 조합 세액 공제		근로자 소득 산출세액 × 10%		원천 징수 대상이 아닌 근로자 납세 조합

조세특례제한법상 세액 공제 ✔️

조세특례제한법상 세액 공제는 ①투자세액 공제 ②연구·인력 개발에 대한 세액 공제 ③고용지원을 위한 세액 공제 ④기타 세액 공제로 구분할 수 있다. 사업자가 조세특례제한법상의 세액 공제에 대해 자세히 알아야 할 필요는 없다. 그러나 어떤 것이 있는지는 알아야 한다. 나에게 적용 가능한 세액 공제가 있는지는 알아야 전문가와 상의할 수 있다. 사업자가 받을 수 있는 세액 공제만을 정리해 보았다.

① 투자세액 공제

종 류	적용대상	세액 공제액
1. 중소기업투자세액 공제(조특법 §5)	중소기업 및 중견기업이 사업용 자산·판매시점정보관리시스템 설비 및 정보보호 시스템 설비에 투자한 금액 * 2021.12.31.까지 투자분에 한함.	1. 중소기업 3% (위기 지역 10%) 2. 중견기업 ·수도권 성장관리권역, 자연보전권역 : 1% ·수도권 밖 : 2% ·위기 지역 : 5%
2. 기술취득금액에 대한 세액 공제(조특법 §12)	특허권, 기술비법 등 * 2021.12.31.까지 투자분에 한함.	투자금액의 5% (중소기업 10%)
3. 특정시설 투자 등에 대한 세액 공제 (조특법 §25)	근로자복지시설, 안전시설, 생 산성향상시설에 투자한 금액 * 2021.12.31.까지 투자분에 한함	투자금액의 1~10%
4. 의약품 품질관리 개선 시설비투자에 대한 세액 공제(조특법 §25의4)	의약품질관리개선시설 * 2021.12.31.까지 투자분	중소기업 6% 중견기업 3% 대기업 1%
5. 신성장 기술사업화를 위한 시설 투자에 대한 세액 공제 (조특법 §25의5)	신성장 시설 투자 * 2021.12.31.까지 투자분	중소기업 10% 중견기업 7% 대기업 5%
6. 영상 콘텐츠 제작비용에 대한 세액 공제 (조특법 §25의6)	영상 콘텐츠 제작비 * 2022.12.31.까지 투자분	중소기업 10% 중견기업 7% 대기업 3%
7. 대학 맞춤형 교육비용 등에 대한 세액 공제(조특법 §104의18) ②	대학교 등에 연구인력 개발시설 기부 * 2019.12.31.까지 기부분	중소기업 6% 중견기업 3% 대기업 1%

② 연구·인력 개발에 대한 세액 공제

종 류	적용대상	세액 공제액
1. 상생 결제 지급금액에 대한 세액 공제(조특법 §7의4)	상생 결제제도를 통하여 지급한 금액이 있는 경우 2016.1.1.~2020.12.31. 적용	·세액 공제액 ①지급기한 15일 이내 금액×0.2% ②지급기한 15일 초과 60일 이내× 0.1% ·공제 한도 : 사업소득세 ×10%
2. 연구 및 인력 개발비에 대한 세액 공제 (조특법 §10)	연구 및 인력 개발비가 발생한 경우 · 최저 한세 적용 배제 ·신성장동력 연구 개발비 및 원천기술연구 개발비천:2021.12.31.까지 적용	·중소기업 = Max(①, ②) ① 직전연도 발생액 초과액×50% ② 당기 발생액× 25% · 비중소기업 = ①과 ② 중 선택 ① 직전 연도 초과액× 25% (중 견 기 업 40%) ② 연구·인력 개발비× Min [2%, 0%＋(연구인력 개발비/수입 금액×½)] ·신성장동력 연구 개발비 및 원천기술연구개 발비 : 연구 개발비× (10~30%)
10. 대학 맞춤형 교육 비용 등에 대한 세액 공제(조특법 §104의 18 ①·④)	·맞춤형 교육비용 ·현장훈련 수당 등 일반연구 및 인력 개발비	연구 및 인력 개발비에 대한 세액 공제(조특법 §10) 준용

③ 고용지원을 위한 세액 공제

종 류	적용대상	세액 공제액
1. 성과 공유 중소기업의 경영성과급에 대한 세액 공제	·상시근로자에게 경영성과급 지급 * 2019.1.1부터 2021.12.31.까지 지급분	경영성과급 × 10%
2. 산업수요 맞춤형 고등 학교 등 졸업자 복직에 대한 세액 공제 (조특법 §29의2)	산업수요 맞춤형 고등학교 등 졸업자가 병역이행 후 복직된 경우 적용 *2013.1.1.~ 2020.12.31. 복직 된 경우	인건비 × 30% (중견기업 15%)

3. 경력단절 여성 재고용 기업에 대한 세액 공제(조특법 §29의3)	경력단절 여성 1년 이상 재고용 * 2015.1.1. ~ 2020.12.31. 적용	인건비 × 30% (중견기업 15%)
4. 근로 소득을 증대 시킨 기업에 대한 세액 공제 (조특법 §29의4)	평균임금 증가율이 직전3년 평균임금 증가율의 평균보다 클 것 * 2020.12.31.까지 적용	· 상시근로자 : ① 또는 ② ① 직전 3년 평균초과 임금 증 가분×5%(중소기업20%, 중견기업10%) ② 해당 연도 중소기업 평균 임금 증가분 초과 임금 증가분× 20% ·정규직전환 근로자 : 임금 증가분×5%(중소기업 : 20%, 중견기업 : 10%)
5. 고용을 증대시킨 기업에 대한 세액 공제 (조특법 §29의7)	기업의 상시 근로자 수가 직전 연도보다 증가한 경우 * 2018.1.1. ~ 2020.12.31. 까지 적용	·증가한 청년 등 근로자 수×400만 원[중소기업 1천 100만 원(수도권 외 1천 200만 원), 중견기업 800만 원] · 증가한 청년 등 외 근로자 수×0원[중소기 업 700만 원(수도권 외 770만 원), 중 견기업 450만 원
6. 정규직근로자로의 전환에 따른 세액 공제 (조특법 §30의2)	중소기업 또는 중견기업이 기간제 근로자 및 단시간 근로자와 파견 근로자를 정규직으로 전환하는 경	·전환인원×1천만 원(중견기업 700만 원)
7. 중소기업 사회보험료 세액 공제(조특법 §30의4)	① 중소기업의 상시 근로자 수가 직전 연도보다 증가한 경우 증가한 인원에 대한 사회보험료 * 2021.12.31.까지 적용 ② 사회보험에 신규가입하는 근로자의 사용자 부담금 * 2020.12.31.까지 신규가입	① 청년 등 고용증가인원×평균 급여×사회보험료율×100% · 청년 등 외 고용증가인원 × 평균 급여×사회보험료율×50%(신성장 서비스업 중소기업 75%) ② 사회보험 신규가입자 사회보험료×50%
8. 고용유지 중소기업 세액 공제(조특법 §30의3)	다음의 요건 모두 충족 ① 1인당 시간당 임금이 감소하지 않을 것 ② 상시 근로자가 감소하지 않을 것 ③ 1인당 연간 임금 총액이 감소할 것 * 2021.12.31.까지 적용	·세액 공제= ① + ② ① 연간 임금 총액 감소분 × 10% ② 시간당 임금 감소분 × 15%

④ 기타 세액 공제

종 류	적용대상	세액 공제액
1. 정치자금 기부금 세액 공제 (조특법 §76)	정당, 후원회, 선거관리위원회에 기부한 정치자금	·10만 원까지 100/110 ·10만 원 초과 15%. 3천만 원 이하 ·3천만 원 초과 25%
2. 전자신고 세액 공제 (조특법 §104의8)	① 납세자 : 전자 신고 방법에 의하여 소득세 과세표준 신고를 한 경우 ② 세무 대리인 : 납세자를 대리하여 소득세(법인세) 및 부가가치세를 전자 신고한 경우	① 납세자 : 2만 원 ② 세무 대리인 : 납세자 1인당 VAT 1만 원 소득세(법인세) : 2만 원[연300 만 원 한도]
3. 성실 사업자에 대한 의료비 등 세액 공제 (조특법 §122의3)	· 성실 사업자 · 성실 신고 확인 대상 사업자	·의료비×15% (난임 시술비×20%) · 교육비×15% · 월세액×10%(12%)
4. 성실 신고 확인비용에 대한 세액 공제 (조특법 §126의6)	성실 신고 확인 대상 사업자가 성실 신고 확인서를 제출하는 경우	Min(①, ②) ①성실 신고 확인비용×60%② 120만 원
5. 현금 영수증 발행 세액 공제 (조특법 §126의3)	현금 영수증 가맹점이 현금 영수증(거래건별 5천원 미만의 거래만 해당)을 발급하는 경우	발급건수 × 20원

근로 소득세 절세 노하우

연말 정산! 구조를 알면 환급 받을 수 있다 ✍

개인 사업자는 5월에 종합 소득세 신고를 한다. 근로자의 경우 2월에 연말 정산 신고를 한다. 연말 정산은 1년 동안 급여 소득자가 원천 징수한 세액의 과부족을 연말에 정산하는 것을 말한다. 급여 소득자는 매월 회사로부터 급여를 받게 된다. 급여를 받으면서 회사는 급여의 일정 금액을 세금으로 미리 공제하여 국가에 대신 납부하게 된다. 이를 원천 징수라 한다.

연말 정산은 급여 소득자의 1년간의 소득에 대한 세금을 계산하고 정산하는 절차이다. 따라서 개인에 따라 인적 공제, 연금보험료 공제, 특별 소득 공제, 그 밖의 소득 공제 등 모두 다를 수 있어 급여

액을 기준으로 일률적으로 세금을 계산하기 어렵다. 연말 정산은
직장생활을 하는 급여 소득자 개인의 세금을 계산하는 것이다. 연
말정산 세액 계산 구조를 알고 꼼꼼하게 준비한다면 13월의 급여
로 다가올 것이다.

연말 정산 세액 계산 구조 ✔

월급 중 세금을 내지 않아도 되는 항목이 있다 ✍

총급여액 = 연간 근로 소득 - 비과세 소득

위의 산식에서 보면 비과세 소득을 늘려야 총급여액이 줄어들고, 총급여액이 줄어들어야 세금을 줄일 수 있다. 급여 항목 중 비과세 소득을 적용 받아 적극적으로 세금을 줄여야 한다.

비과세 소득은 총급여액을 줄이는 항목으로 식대, 자가운전 보조금, 연장 근무 수당 등이 있다. 근로 소득자가 받는 월급 중 근로 소득세가 비과세 되는 항목을 몰라 납부하지 않아도 될 세금을 내는 경우를 종종 보게 된다. 혹은 비과세 항목을 잘못 적용해 추가로 세금을 납부하는 경우도 있다.

직장인이라면 매월 일정한 날에 급여를 받고 있을 것이다. 최근 지급명세서를 꼼꼼하게 챙겨보는 근로자는 많지 않다. 중소기업의 경우 급여 변동이 없으면 수령하는 금액만을 확인할 뿐 급여명세서를 자주 확인하지는 않는다.

급여명세서는 크게 지급 항목과 공제 항목으로 구성되어 있다. 급여 항목에는 기본급과 직책 수당, 연장 수당, 휴일 수당, 자가운전 보조금, 식대 등 각종 수당으로 구성되어 있다. 공제 항목은 급여에서 차감되는 소득세, 주민세, 국민연금, 건강 보험, 장기요양, 고용 보험

1일 마스터! 성공 창업을 위한 실전 세무

료 등으로 구성되어 있다. 세금을 줄이기 위해서는 수당 항목을 주의 깊게 살펴봐야 한다. 수당 항목에는 세금을 부담하지 않아도 되는 비과세 항목이 있기 때문이다. 똑같은 급여를 받고 비과세 되는 수당이 많으면 세금을 적게 낼 수 있다.

내 급여명세서에서 비과세로 공제 가능한 수당 항목을 찾아봐야 한다. 회사에서도 근로자에게 적용할 수 있는 비과세 항목이 있는지 적극적으로 검토해야 한다. 다음은 급여 중 세금이 부과되지 않은 비과세 항목들을 정리해 보았다. 회사마다 급여명세서에 표시되는 명칭이 다를 수 있어 비과세에 해당하는지 여부를 정밀하게 살펴봐야 한다.

급여 중 비과세 항목 ✔️

① 실비 변상적인 급여 항목으로 일·숙직료와 여비, 자가운전 보조금(월 20만 원 이내 금액), 입갱 수당, 발파 수당, 벽지수당, 교원의 연구보조비 등.

자가운전 보조금은 가장 많이 적용 받는 비과세 소득 항목 중의 하나이다. 그러나 적용요건을 갖추지 못해 세금을 추징당하는 경우가 있으니 주의해야 한다. 자가운전 보조금을 지급받기 위해서는 종업원(임원 포함) 명의의 차량이어야 한다. 배우자나 가족 명의의 차량은 공제받을 수 없다. 단 배우자와의 공동 명의는 공제 가능하지만 배우자 이외의 다른 가족하고의 공동 명의는 공제 받을 수 없다.

② 국외 근로 소득으로 국외에서 근로를 제공하고 받은 급여로 월 100만 원 이내 금액과 원양어업 선박, 외국 항행 선박의 종업원이 받은 급여, 국외 건설 현장 등에서 근로를 제공하고 받는 보수로 월 300만 원 이내의 금액, 북한 지역에서 근무하는 종업원이 받는 급여로 월 100만 원 이내의 금액.

③ 비과세되는 식비로 월 10만 원 이하까지 공제할 수 있다. 단 식사 및 기타 음식물을 회사로부터 받지 않는 경우 가능하다.

④ 생산직 근로자의 연장시간 근로 수당으로 공장·광산·어업·운전 관련 및 배달·수하물 운반원, 돌봄·미용 관련·숙박시설 서비스 등 근로자들. 또한 육체적인 노동에 종사하는 월 정액 급여가 210만 원 이하로서 직전 과세 기간의 총급여액이 3천만 원 이하인 근로자가 받는 연장 시간 근로 수당은 연간 240만 원 한도 내 비과세.

⑤ 기타 비과세되는 소득으로 장해 급여·유족 급여, 실업 급여와 근로자 본인의 학자금과 출산·보육 수당(월 10만 원 이내)이 있다. 자녀 보육 수당

은 근로자 또는 배우자의 자녀 출산, 6세 이하 자녀 보육과 관련하여 받는 급여로 월 10만 원 이내에서 비과세 된다. 학자금의 경우 본인의 학자금만 비과세되고 자녀에게 지급하는 학자금은 과세 대상이다.

근로 소득 비과세 항목 ✔

비과세 항목	비과세 내용	한도
일·숙직비	회사 사규 등 지급 규정에 의하여 정해져 있고, 사회 통념상 타당하다고 인정되는 범위	
여비	회사 사규 등 지급 규정에 의하여 정해져 있고 실비변상 정도의 금액	
자가운전 보조금	종업원 소유 차량으로 본인이 직접 운전하여 사용자의 업무 수행에 이용한 경우	월 20만 원
벽지수당	근로자가 벽지에 근무함으로 인하여 받는 경우	월 20만 원
이주수당	수도권정비 계획법과 국가균형발전 특별법에 따른 공공기관의 소속 공무원이나 직원에게 한시적으로 지급하는 이주수당	월 20만 원
취재수당	기자의 취재수당	월 20만 원
연구 활동비	관계 법률에 따라 설치하는 연구 개발 전담부서와 기업부설 연구소에서 연구 활동에 직접 종사하는 자에게 지급 급여	월 20만 원
국외 근로 소득	해외 등에서 주재하면서 근로를 제공하고 받는 급여 (원양어선, 국외 건설 현장 근로를 제공하고 받는 급여)	월 100만 원 (월 300만 원)
식대	식사·기타 음식물을 회사로부터 제공받지 않은 경우	월 10만 원
생산직 근로자 연장 근로 수당	월정액 급여가 210만 원 이하로써 직전 과세 기간의 총급여액이 3천만 원 이하인 근로자	연간 240만 원
자녀 보육 수당	근로자 또는 그 배우자의 출산이나 6세 이하 자녀의 보육과 관련한 급여	월 10만 원
비과세 학자금	근로자 본인의 학자금으로 업무와 관련 있는 교육·훈련을 위한 경우	

저축과 절세를 한 번에 해결하는 연금 저축 ✍

연말 정산 시 세액 공제 중에서 가장 큰 금액을 차지하는 것이 바로 연금계좌 세액 공제이다. 연금계좌에 대한 세액 공제는 두 가지로 나누어진다. 연금 저축 상품에 불입하는 것과 확정기여형(DC형) 퇴직 연금에 근로자가 추가로 불입하는 경우이다. 연간 납입액 700만 원에 대해 12%만큼 세액 공제를 해준다. 단 총급여가 5천 500만 원 이하인 근로자의 경우 15%를 공제해 준다.

연금 저축에 납부한 금액에 대해서는 400만 원까지만 공제된다. 따라서 퇴직 연금으로 부족한 300만 원을 추가로 납입하는 것이 가장 이상적이라 할 수 있다. 연금 저축의 경우 400만 원이 세액 공제 받을 수 있는 한도금액이다. 따라서 연금 저축으로 500만 원을 불입했다 하더라도 공제 대상 금액은 400만 원이 된다.

소득 금액별 연금 저축 한도

소득 금액	연금 저축 한도	퇴직 연금	연금+퇴직 연금 한도	공제율
4천만 원 이하 (총급여 5천 500만 원이하)	400만 원	300만 원	700만 원	15%
4천만 원 초과 (총급여 5천 500만 원 초과)	400만 원	300만 원	700만 원	12%
1억 원 초과 (총급여 1억2천 초과)	300만 원	400만 원	700만 원	12%

1일 마스터! 성공 창업을 위한 실전 세무

즉 연금 저축과 퇴직 연금의 합산 한도가 700만 원이기 때문에, 연금 저축 납입액이 없을 경우 퇴직 연금에 700만 원 전액을 불입해도 한도금액인 700만 원 전액을 공제받을 수 있다.

연금 저축 상품은 세액 공제를 받기 위한 공제조건이 있다. 5년 간 연금 저축 상품을 유지해야 하고 55세 이후에 5년 이상을 연금으로 받아야 한다. 만약 중도해지를 하게 되면 납입 기간 세액 공제를 받은 금액 및 운용수익에 대해 16.5%의 기타 소득세(지방 소득세 포함)를 내야 한다.

연금계좌 세액 공제를 잘 활용하면 저축과 절세를 동시에 해결할 수 있다. 그러나 무리한 납부로 인해 유지가 어려울 경우 부득이 해지하게 되면 절세의 효과가 없어지고 오히려 손해를 보게 될 수도 있으니 신중하게 결정해야 한다.

연말 정산 환급받는 방법 5가지 ✍

직장인에게 연말 정산은 세금의 환급을 의미한다. 즉 무조건 환급을 받아야 한다고 생각한다. 만약 세금을 추가로 납부하게 되면 회사 경리 담당자는 연말 정산을 다시 해야 할지도 모른다. 그만큼 직장인에게는 민감한 사항이라는 것이다. 요즘은 홈택스 연말 정산 간소화 시스템을 활용하여 본인이 내야 할 세금을 미리 계산해 볼 수도 있다.

연말 정산은 동일한 금액의 급여를 받는다 하더라도 공제하는 방법과 항목이 다양하기에, 환급을 받을 수도 있고 추가로 세금을 납부할 수도 있다. 연말 정산을 하기 위해서는 제출해야 할 서류가 많다. 각 개인별로 공제 받을 수 있는 항목이 다르기 때문이다. 예전에는 소득 공제와 세액 공제 관련 서류를 제때 제출하지 못해 억울하게 세금을 납부하는 경우가 종종 있었다. 그러나 최근에는 홈택스 연말 정산 간소화 서비스로 편리하게 준비할 수 있게 되었다.

연말 정산 시 세금을 줄이기 위해서는 소득 공제와 세액 공제를 전략적으로 활용해야 한다. 연말 정산에도 선택과 집중이 필요하다. 소득 공제는 세액을 계산하기 위한 마지막 단계인 과세표준(과세표준×세율=산출세액)을 줄일 수 있고, 세액 공제(산출세액-세액 공제=납부세액)는 직접적으로 세금을 줄일 수 있다.

연말 정산에 활용하는 공제 ✔

① 부양가족 공제

소득 공제 항목에서 가장 기본이 되는 것이 바로 부양가족 공제이다. 부양가족 공제는 무조건 소득이 높은 사람이 공제 받는 것이 유리하다. 가끔 맞벌이 부부의 경우 부양가족 공제를 소득이 낮은 아내가 받아 소득이 높은 남편이 더 많은 세금을 부담하는 경우를 보게 된다. 부모님을 공제받는 경우 형제지간에도 동일하게 적용이 가능하다. 부모님 공제도 소득이 높은 형제가 공제 받는 것이 유리하다. 단 형제지간에 협의가 필요하다. 서로 협의가 되지 않고 각각 부양가족 공제를 받았을 경우 어느 한쪽은 부당 공제로 세금을 추가 납부해야 하기 때문이다.

② 신용카드 소득 공제

신용카드 소득 공제는 전략적으로 선택해서 사용하는 것이 유리하다. 특히 맞벌이 부부의 경우 사전에 아내의 예상 소득과 남편의 예상 소득을 예측한 후 소득이 높은 쪽의 신용카드를 선택해서 사용하게 되면 연말 정산 시 세금을 환급 받을 수 있다.

신용카드 소득 공제는 신용카드 사용액이 총급여액의 25% 초과해야 공제 대상이 된다. 즉 신용카드 소득 공제의 경우 신용카드 사용금액이 총급여액의 25%를 초과하지 못하면 소득 공제를 받지 못한다. 전년도 부부의 신용카드 사용액을 확인하여 누구의 신용카드를 사용할 것인지 미리 결정한다면 효과적으로 세금을 줄일 수 있다.

③ 소득 공제 40%, 제로페이(zeropay)

신용카드 사용액에 대한 소득 공제는 15%이다. 이에 반해 체크카드·현금 영수증은 30%, 제로페이는 40% 소득 공제가 된다. 체크카드의 소득 공제율은 신용카드보다 2배 높다. 체크카드나 현금 영수증을 사용하여 소비하는 경우라면 제로페이 사용을 적극 권하고 싶다.

④ 월세 세액 공제 750만 원 받기

연말 정산 시 750만 원까지 공제되는 세액 공제가 있다. 바로 월세 세액 공제이다. 무주택 세대주 근로자로서 총 급여 7천만 원 이하인 근로자가 공제받을 수 있다. 총 급여 7천만 원 이하 일 때 월세액의 10%, 총 급여 5천 500만 원 이하일 때 월세액의 12%를 공제 받을 수 있다.

월세 주택의 기준시가가 3억 원 이하면서 주택의 전용면적이 85㎡이하여야 한다. 임대차 계약서와 주민등록상 주소가 동일해야 한다. 즉 전입신고가 되어 있어야 한다. 월세 납입사실을 증명하기 위해서 꼭 계좌이체, 무통장입금, 현금 영수증 등으로 지불해야 한다.

⑤ 연말 정산 간소화 서비스에서 조회되지 않는 공제 항목 챙기기

근로자가 연말 정산을 하려면 소득 공제와 세액 공제를 받기 위한 서류를 제출해야 한다. 대부분의 근로자는 국세청 홈택스의 연말 정산 간소화 서비스를 통해 서류를 제출하게 된다. 그러나 국세청 홈택스의 연말 정산 간

소화 서비스에서 조회되지 않은 자료가 있다. 장애인 보장구 구입, 임차 비용, 안경 구입비, 중·고등학생 교복 구입비, 취학 전 아동 학원비, 기부금 등이다. 연말 정산 간소화 서비스에서 조회되지 않는 자료들로 근로자가 직접 챙겨서 제출해야 한다.

04

안 내도 되는 세금이 있다

안 내도 되는 세금, 가산세 ✍

사업자들이 가장 부담하기 싫어하는 세금은 부가가치세도 소득세도 아닌 바로 가산세이다. 가산세는 말 그대로 본세에 더하여 내는 세금을 말한다. 본세만을 납부하기에도 힘든데 안내도 되는 가산세까지 부담하는 일은 없도록 특히 신경 써야 한다.

가산세는 고속도로에서 규정 속도를 지키지 않아 부과받는 범칙금과 성격이 비슷하다. 가산세는 세법에 규정하는 의무의 성실한 이행을 확보할 목적으로 그 의무를 위반한 경우에 본세에 더하여 징수하는 세금을 말한다.

국세기본법상 가산세에서는 크게 세 가지 의무를 강조하고 있다.

첫 번째 신고의 의무, 두 번째 납부의 의무, 세 번째는 보고의 의무이다. 각각의 의무를 성실하게 지키지 않았을 경우 가산세를 부과하게 된다. 이 중 안 내도 되는 가산세가 있다. 바로 신고 불성실 가산세이다. 신고 불성실 가산세는 신고를 하지 않았을 경우에 부과 된다.

개인 사업자로 건설업을 운영하던 사장님이 세무서에서 부가가치세 신고를 하라는 안내문을 받았다고 찾아오셨다. 11월 말에 폐업하면서 부가가치세 신고를 하지 않아서 발송된 안내문이었다. 폐업하면 폐업 후 다음 달 25일까지 부가가치세 신고도 해야 한다. 하지만 사장님은 폐업 신고만 해도 된다고 잘못 알고 계셨던 것이다.

폐업 이유 중 가장 큰 것은 '경영 악화'다. 폐업 당시 경제적 상황이 좋지 않아 당장 폐업분에 대한 부가가치세를 납부하기 곤란한 경우도 있다. 이 사장님도 폐업분에 대한 부가가치세를 납부할 수 없었기에 신고도 하지 않았다고 한다.

그러나 가산세에 대해서 잘못 알고 있는 것이 있다. 신고와 납부에 대한 가산세가 같은 거로 생각한 것이다. 그러나 가산세는 신고에 대한 가산세 따로, 납부에 대한 가산세가 따로 부과된다. 즉 당장 세금을 납부를 못하더라도 신고는 해야 한다는 것이다. 신고함으로써 신고에 대한 가산세는 납부하지 않아도 되기 때문이다. 결과적으로 위의 사장님은 신고와 납부에 대한 가산세 모두를 납부하게 된다.

사업자의 기본 의무가 있다. 바로 신고와 납부의 의무이다. 적어도 신고의 의무를 지키지 못해 억울하게 가산세를 부과받는 일은 절대 있어서는 안 된다.

가산세의 종류 ✍️

가산세는 원활한 조세 행정과 공평 부담을 실현하기 위해 납세자에게 여러 가지 협력 의무를 부과하고 있다. 가산세의 종류와 그 계산 기준 및 가산세율은 각 개별세법에 따라 다양하다. 다음은 사업자와 밀접한 세목인 국세기본법, 소득세법, 법인세법, 부가가치세법 가산세의 종류를 정리해 보았다.

국세기본법상 가산세는 무신고 가산세, 과소 신고·초과환급 신고 가산세, 납부지연 가산세, 원천 징수 납부 등 불성실 가산세가 있다.

소득세법에서는 지급명세서 보고 불성실 가산세, 계산서 제출 불성실 가산세, 증빙불비 가산세, 영수증 수취명세서 미제출 가산세, 사업장 현황 신고 불성실 가산세, 공동 사업장 등록 불성실 가산세, 무

기장 가산세, 사업용 계좌 미사용 가산세, 신용카드 매출전표 미발급 가산세, 현금 영수증 미발급 가산세, 기부금 영수증 불성실 가산세, 기장 불성실 가산세 등이 있다.

법인세법에서는 주주 등 명세서 미제출 및 불실기재 가산세, 불성실 불명자료 가산세, 주식변동 상황명세서 미제출 가산세, 지급명세서 미제출 가산세, 계산서 미교부 및 매출·매입처별 합계표 미제출 가산세, 기부금 영수증 불성실발급 가산세, 신용카드 매출전표 발급거부 및 불성실발급 가산세, 현금 영수증 가맹점 미가입, 발급거부 및 불성실발급 가산세 등이 있다.

부가가치세법에서는 사업자 등록 신청 지연에 대한 가산세, 타인 명의 사업자 등록 및 이용에 대한 가산세, 세금 계산서 미교부·불실기재에 대한 가산세, 사업자의 허위 세금 계산서 수수에 관한 가산세, 사업자 아닌 자의 허위 세금 계산서 수수에 관한 가산세, 부당 매입세액 공제에 관한 가산세, 매출처별 세금 계산서 합계표 미제출·불실기재 가산세, 매입처별 세금 계산서 합계표 미제출·불실기재 가산세, 현금매출 명세서 및 부동산임대 공급가액 명세서 미제출 · 불실기재 가산세 등이 있다.

국세기본법상 가산세 ✍️

세법에서 가산세는 개별 세법마다 각각의 가산세 규정을 두고 있다. 국세기본법상 가산세 규정은 모든 세목에서 공통적으로 적용할 수 있는 신고 가산세, 과소 신고·초과환급 신고 가산세, 납부지연 가산세, 원천 징수 납부 등 불성실 가산세를 다루고 있다. 그리고 가산세의 감면과 가산세 한도에 관한 규정을 포함하고 있다.

가산세 감면과 한도에 관한 규정 ✔️

① 무신고 가산세

납세의무자가 법정 신고 기한까지 세법에 따른 국세의 과세표준 신고(예정신고 및 중간신고를 포함)를 하지 않은 경우에는 그 신고로 납부하여야 할 세액에 일정 비율을 곱한 금액을 말한다.

※부정행위 요건

조세의 부과와 징수를 불가능하게 하거나 현저하게 곤란하게 하는 적극적인 행위로 이중장부의 작성 등 장부의 거짓 기장, 거짓 증빙 또는 거짓 문서의 작성 및 수취, 장부 기록 파기 등이다.

② 과소 신고·초과환급 신고 가산세

납세의무자가 법정 신고 기한까지 세법에 따른 국세의 과세표준 신고(예

정신고 및 중간신고를 포함)를 한 경우로 납부할 세액을 신고하여야 할 세액

보다 적게 신고하거나 환급받을 세액을 신고하여야 할 세액보다 많이 신

고한 경우에는 과소 신고한 납부세액과 초과 신고한 환급 세액을 합한 금

액에 일정 비율을 곱한 금액을 가산세로 한다.

③ 납부지연 가산세

납세의무자가 법정 납부 기한까지 국세의 납부(중간예납·예정신고 납부·중간

신고납부를 포함)를 하지 아니하거나 납부하여야 할 세액보다 적게 납부하

거나 환급받아야 할 세액보다 많이 환급받은 경우 납부하게 된다.

④ 원천 징수 납부 등 불성실 가산세

국세를 징수하여 납부할 의무를 지는 자가 징수하여야 할 세액을 세법에

따른 납부 기한까지 납부하지 아니하거나 과소 납부한 경우에는 납부하지

아니한 세액 또는 과소 납부분 세액의 100분의 10에 상당하는 금액을 한

도로 하여 가산세를 납부해야 한다.

종류		부과사유	가산세액
신고 의무	무신고	일반무신고	MAX[무신고 납부세액×20% 수입 금액×0.07%]
		부정무신고	MAX[무신고 납부세액×40% 수입 금액×0.14%]
	과소 신고	일반과소 신고	일반과소 신고 납부세액×10%
		부정과소 신고	MAX[산출세액×(부정과소 신고 과세표준/과세표준)×40% 부정과소 신고 수입 금액×0.14%+(과소 신고 납부세액-부정과소 신고 납부세액)×10%]
납부·환급 의무	납부·환급 불성실	미납·미달 납부	미납·미달납부 세액×미납 기간×2.5/10,000
		초과환급	초과 환급받은 세액×초과환급 기간×2.5/10,000
원천 징수 의무	원천 징수 납부	미납·미달납부	미납·미달납부 세액×(3%+미납일수×2.5/10,000(한도미납·미달납부 세액10%)

법인 사업자만 납부하는 가산세가 있다 ✍

법인세법상 가산세에서는 특히 법인 사업자에만 해당하는 주식 변농에 관련한 가산세를 주의해야 한다. 법인세법에서는 명세서 미제출 및 불실기재 가산세, 주식변동 상황명세서 미제출에 대한 가산세를 부과하고 있다.

법인 사업자의 경우 주식이 변동되는 상황이 가끔 발생한다. 가장 대표적인 경우가 바로 주식의 양도와 자본금 증자이다. 주식의 양도는 개인 간의 거래이기에 법인세 신고 때 챙기지 못해 가산세를 내는 경우를 종종 보아왔다.

주주의 변경과 자본금의 변경 모두 주식변동 상황에 해당하므로 관련 서류를 법인세 신고 기한까지 제출해야 가산세를 피할 수 있다. 물론 유능한 세무사에 기장을 맡겼다면 알아서 챙겨줄 것이다. 그러나 아무리 유능한 세무사라 하더라도 주식의 양도는 회사에서 알려주지 않으면 알 수 없다.

법인세법상 가산세

종류	부과사유	가산세액
무기장	장부 비치, 기장의무 불이행	MAX[산출세액×20%, 수입 금액×0.07%]
증빙불비	적격증빙 미수취, 허위수취	미수취, 허위수취 금액×2%
주식변동 상황명세서 제출 불성실	미제출, 누락제출	액면금액 또는 출자가액×1% (2018년도부터 2%→1%)
주주 등 명세서 제출 불성실	미제출, 누락제출	액면금액 또는 출자가액×0.5%
지급명세서 보고불성실	미제출	미제출금액×2%
	지연제출	지연제출금액×1%
현금 영수증	미가입	미가입 과세 기간 수입 금액×미가맹 일수(가맹한날의 전일까지의 일수/가맹하지 아니한 사업 연도의 일수)
	발급거부	발급거부, 사실과 다른 금액×5%
신용카드	발급거부, 사실과 다르게 발급	발급거부, 사실과 다른 금액×5%
기부금	불성실, 기부금대장 미작성	사실과 다른 금액, 미작성 금액×5%
원천 징수 납부	미납·미달납부	미납·미달납부세액×(3%+미납 일수×2.5/10,000) (한도 미납·미달납부세액×10%)

개인 사업자가 꼭 피해야 하는 가산세가 있다 ✍

소득세 신고 기간이 되면 국세청에서 소득세 신고에 필요한 자료를 홈택스를 통해 제공한다. 예전에는 우편을 이용했는데 최근에는 모바일을 이용한 안내문을 보내기도 한다. 바로 '종합 소득세 신고 참고자료'이다.

신고 안내문에는 해당 신고 연도의 기장 의무와 사업장별 수입 금액 명세, 타 소득(합산대상)자료 유무, 공제 항목(중간예납세액, 국민연금 등) 그리고 개인 사업자에게는 중요한 가산세 항목이 있다.

아래 가산세 항목 중 개인 사업자라면 무조건 내지 말아야 하는 가산세가 있다. 바로 현금 영수증 미가맹 가산세와 사업용 계좌 미신고 가산세이다. 두 가지 경우 모두 가산세 부과 대상이 되는 조건이 있다. 현금 영수증 가맹 의무발행업종에 해당되면 무조건 현금 영수증 가맹점 가입을 해야 한다. 사업용 계좌도 복식 부기 의무자가 의무 가입 대상이 된다.

가산세 항목

구분	가산세 적용 사유 또는 가산세 대상	
무신고 또는 무기장가산세		
(세금)계산서 관련보고 불성실	미(지연)제출 금액	원
현금 영수증 미가맹		
현금 영수증 미발급	미발급 금액	원
현금영수증 발급거부	10만 원 미만	원
	10만 원 이상	원
신용카드 발급거부	10만 원 미만	원
	10만 원 이상	원
사업장 현황 신고 불성실	무과소 신고 금액	원
사업용 계좌 미신고		

사업용 계좌 신고는 복식 부기 의무자가 아니라도 가입할 수 있다. 복식 부기 의무자가 되는 요건은 직전 연도 수입 금액을 기준으로 한다. 미리 가입하게 되면 매년 직전 연도 수입 금액을 확인하여 신고 여부를 판단하는 번거로움을 피할 수 있고, 신고 기한을 놓쳐 억울한 가산세를 내는 일은 발생하지 않을 것이다.

복식 부기 의무자 요건 ✔

직전 연도 수입 금액이 아래의 업종별 기준금액 이상인 자

업 종 별	기준금액
1. 농업 및 임업, 어업, 광업, 도·소매업, 부동산 매매업, 기타 아래의 2호 및 3호에 해당하지 아니하는 업	3억 원
2. 제조업, 숙박 및 음식점업, 전기·가스 및 수도사업, 건설업, 운수업, 통신업, 금융 및 보험업	1.5억 원
3. 부동산 임대업, 사업서비스업, 교육 서비스업, 보건 및 사회 복지사업, 오락·문화 및 운동관련 서비스업과 기타 공공·수리 및 개인 서비스업, 가사서비스업	75백만 원

6장

세무 조사,
이렇게만 하면
피할 수 있다

01

세무 조사 피할 수 있으면 피하자

세무 조사 피하는 방법은 없나요? ✍

세무 조사를 받고 싶은 사업자는 없을 것이다. 일단 세무 조사를 받게 되면 많든 적든 세금을 추징받게 된다. 누구나 세무 조사를 피하고 싶을 것이다. 그러면 세무 조사를 피하는 방법은 있을까?

세무 조사를 완벽하게 피할 수 있는 방법을 안다면 필자는 아마도 지금 이 글을 쓰고 있지 않았을 것이다. 그러나 세무 조사를 피할 방법은 있다.

세무 조사를 피하는 방법은, 세무 조사를 받게 되는 경우를 만들지 않으면 된다. 적어도 전산에 의한 임의 추출방식에 선정이 되는 것은 피할 수 없다. 하지만 그 이외에 신고 성실도 분석과 각종 탈세 제보에 의한 조사선정은 피할 수 있다. 사업자가 세무 조사를 받게 되는 경우를 살펴보면 조사선정 대상이 될 수밖에 없는 이유를 갖고 있다.

어떤 사업자가 세무 조사를 받을까? ✍

2018년 기준 개인 사업자는 670만, 법인 사업자는 90만 사업자가 가동 중에 있다. 2018년 국세청은 4,774개 개인 사업자에 대한 세무 조사를 실시하여 1조 5천억 원, 법인 사업자는 4,795개 업체를 조사하여 4조 5천억 원의 세금을 추징하였다.

국세청의 세무 조사는 전수 조사가 불가능하다. 국세청이 연간 세무 조사에 착수하는 비중은 0.1% 미만이다. 모든 사업자를 조사할 수 없기에 조사대상자 신고 성실도 평가를 하게 된다. 국세청은 매년 법인세, 종합 소득세, 부가가치세 등의 신고사항과 각종 세원정보 등을 반영하여 신고 성실도를 평가한다. 사업자의 경우 창업 후 5년 이후에는 세무 조사에 대한 사전 점검과 대비가 필요하다.

국세청에서는 세무 조사의 공평성 · 실효성 확보 및 국민의 알 권리 보호 등을 위해 조사대상자 선정 기준을 공개하고 있다. 또한

1일 마스터! 성공 창업을 위한 실전 세무

업종별 신고 성실도, 계층별·유형별·지역별 세 부담 형평성 등을 고려하여 적정 조사 비율이 유지되도록 하고 있다.

성실도분석시스템(CAF)은 국세청 세무 조사 선정 시 토대가 되는 시스템이다. 국세청내전산망(NTIS) 내 구축된 수백여 가지 분류 방식에 따라 신고 성실도를 평가하여 등급을 추출하고, 하위그룹으로 평가될수록 세무 조사 선정 대상이 될 확률이 높아진다.

정기선정은 신고내용의 적정 여부를 검증하기 위하여 신고 성실도 평가 결과, 미조사 연도 수 등을 기준으로 선정하고, 비정기선정은 공평과세와 세법 질서의 확립을 위하여 법이 정한 범위에서 지방국세청장 또는 세무서장이 선정하게 된다.

정기 조사대상자 선정 기준 ✔

① 국세청장이 납세자의 신고 내용에 대하여 정기적으로 성실도를 분석한 결과 불성실 혐의가 있다고 인정하는 경우
② 최근 4과세 기간(또는 4사업 연도) 이상 같은 세목의 세무 조사를 받지 아니한 납세자에 대하여 업종, 규모 등을 고려하여 신고 내용이 적정한지를 검증할 필요가 있는 경우
③ 무작위 추출 방식으로 표본 조사를 하려는 경우

비정기 조사대상자 선정 기준 ✔

① 회계 장부를 조작하여 세금을 탈루하는 수법으로 기업 자금을 변칙적으로 유출, 기업주 등의 재산증식 또는 사적용도에 사용하는 경우

② 신고 소득, 재산상황 등에 비추어 호화·사치나 과소비를 하는 경우

③ 수출입 가격 조작, 해외발생 소득의 국내 미반입 등 국제거래를 이용한 세금 탈루 행위와 국내 탈루 소득을 변칙적으로 해외 유출한 경우

④ 자료상·무자료 거래 등 세금 계산서·계산서 수수 질서 문란 및 신용카드 변칙거래 혐의가 있는 경우

⑤ 현금거래 비중이 높거나 신종 호황 업종, 고도의 전문지식을 이용한 탈세, 독과점적 지위 등을 이용한 고수익이나 과다한 영업권(점포권리금 등) 소득을 올리고도 세금을 탈루한 혐의가 있는 경우

⑥ 납세자에 대한 구체적인 탈세 제보가 있는 경우

⑦ 법인 전환 후 신고 소득세율이 특별한 사유 없이 법인 전환 전 개인 사업자인 경우에 비하여 떨어진 법인

⑧ 빈번한 세적 이동을 통하여 조세를 탈루하는 혐의가 있는 법인

⑨ 조사 후 신고 수준이 급격히 하락하였거나 세무 조사 시 적출된 사항을 시정하지 않는 등 불성실 신고 법인

⑩ 신고내용 등 전산 분석 결과 실제 근무하지 않는 기업주 가족에게 급여 지급, 법인 명의 신용카드로 사적 경비 지출 등 기업주 사적 경비를 법인의 비용으로 처리한 혐의가 있는 법인

⑪ 세원관리부서에서 현지 확인, 신고내용, 과세자료, 소명 자료 등 분석

결과 실지조사의 대상자로 통보한 법인 중 조사의 필요성이 있다고 판단되는 법인

⑫ 신고내용 분석 결과 또는 신고관리 과정에서 안내한 문제점 또는 혐의 사항에 대해 신고 미반영 등 구체적인 탈루 혐의가 있는 법인

세무 조사를 받지 않는 사업자도 있다 ✍️

모든 사업자는 세무 조사 대상이 된다. 그러나 세무 조사 대상 선정에 제외가 되는 사업자가 있다. 일정 규모 이하의 소규모 성실 사업자가 그 주인공이다. 일정 규모 이하에 해당하는 사업자는 소득세법상 복식 부기를 하지 않아도 되는 간편장부 대상 개인 사업자와 연 매출 1억 원 이하 법인 사업자를 말한다.

간편장부 대상 개인 사업자는 업종별 연 매출액을 기준으로 농업, 임업, 어업, 광업, 도소매업 등은 연 매출 3억 원 미만, 제조업, 숙박 · 음식업, 건설업, 금융 · 보험업 등은 연 매출 1억 5,000만 원 미만, 사업 서비스업, 개인 서비스업 등은 연 매출 7천 500만 원 미만인 경우다.

매출액 기준으로 소규모 사업자에 해당한다 하더라도 다음의 요건을 충족해야 조사대상자 선정에서 제외 된다. 모든 거래사실이 객

관적으로 파악될 수 있도록 복식 부기 방식으로 장부를 기록·관리하고, 과세 기간 개시 이전에 「여신전문금융법」에 따른 신용카드 가맹점으로 가입하고, 사업용 계좌를 개설하여 사용하고, 국세의 체납 사실이 없어야 한다.

즉, 간편장부 대상 개인 사업자와 연 매출 1억 원 이하의 법인 사업자 중에서 성실 사업자의 조건인 복식 부기로 장부작성, 신용카드 가맹점 가입, 사업용 계좌개설, 체납사실이 없는 경우 세무 조사 선정 대상에서 제외된다.

매출 누락은 곧 세금 폭탄이다 ✍

사업자의 모든 신고내용은 전산으로 처리되고 있다. 신고 소득 대비 소비 현황, 부동산 등 재산 취득 상황 등을 분석하고, 동종업종 대비 소득률, 부가가치율, 신용카드 매출비율, 적격 증빙 수취 비율 등을 종합적으로 분석하고 있다.

매출 누락의 경우 제보를 통해 조사가 개시되는 경우가 많다. 매출 누락은 크게 무자료 매출과 현금매출 누락으로 나뉜다. 무자료 매출은 세금 계산서를 발행하지 않고 거래를 하는 경우를 말한다.

매출 누락의 경우 차명계좌를 사용하거나, 현금 영수증 발급을 피하는 경우가 많다.

세무 조사를 통해 매출 누락한 사실이 밝혀지면 매출 누락에 대한 부가가치세와 소득세를 추징당하게 된다. 법인은 매출 누락을 한 법인의 대표자에게도 매출 누락한 금액에 대한 소득세가 부과된다. 예를 들어 법인이 1억 원의 매출을 누락했다면 부가가치세와 법인세, 소득세로 1억 원을 납부하게 될 수도 있다. 매출 누락을 하게 되면 부가가치세 10%, 법인세 22%, 소득세 42% 합계 약 74%의 세금을 부담하게 된다. 여기에 각종 가산세를 포함한다면 100%까지 세금을 납부하게 된다.

매출 누락의 경우 한 해에만 이루어지지는 않는다. 세무 조사 기간은 최대 5년까지 할 수 있다. 만약 5년 동안의 매출 누락에 대한 세무 조사가 이루어진다면, 사업자가 부담해야 되는 세금으로 사업 운영에 어려움을 겪을 수도 있게 된다.

매출을 누락하는 사업자들이 늘 하는 말이 있다.

"설마 내가 걸리겠어? 적발되면 그때 내지 뭐!"

매출 누락은 세금 폭탄을 안고 사업을 지속하는 것과 같다. 한 번 터지면 수습할 수 없는 결과와 사업을 접을 수도 있는 결과를 가져오게 된다. 따라서 매출 누락은 절대로 해서는 안 된다. 매출 누락은 절세가 아니라 탈세다. 그러니 고민이 있다면 세무 전문가와 상의해서 다른 절세 방법을 찾도록 하자.

고소득 사업자 세무 조사 사례 ✍

국세청에서는 과시적 호화·사치 고소득 탈세자에 대한 세무 조사를 실시하였다. 신종 호황 분야를 망라한 광범위한 업종을 대상으로 고소득 사업자들의 특성을 여러모로 검증하여 유형별 접근 방법을 활용하여 조사대상을 선정하였다.

고소득 사업자에 대한 세무 조사 선정 과정 ✔
① 업종별(신종·호황 업종 포함) 대표적인 탈세 혐의 고소득자 선정.
② 지능적·계획적 탈세로 세법상 허점을 이용하거나 과세망을 피하기 위해 전문가의 조력을 받는 등 지능적이고 계획적인 탈세자 선정.
③ 호화·사치 생활자로 신고 소득으로는 재산 형성 과정이 설명되지 않는 호화·사치 생활자 선정.

고소득자 탈세 사례 ✔

① 사례 1

가공의 1인 기획사를 설립하여 탈세한 유명 운동선수. 고액 연봉 운동선수

가 세무 대리인의 적극적인 조력을 받아 계획적으로 세금 탈루.

① 사전 치밀한 계획 하에 부모 명의로 가공의 매니지먼트 목적 기획사를

설립

② 기획사와 실제 용역 거래도 없이 거짓으로 세금 계산서를 수취 후

③ 사적 비용 및 증빙 없는 비용을 접대비로 처리

② 사례 2

차명계좌로 수입을 빼돌려 호화·사치 생활 영위한 유명 연예인. 국내외 많

은 팬을 보유한 유명 연예인이 다양한 형태의 탈세 수법을 이용하여 탈루

한 소득으로 고가자동차·부동산을 구입하고 해외에서 고액 소비를 하는

등 호화·사치 생활을 영위.

① 팬미팅 티켓·굿즈 매출을 부모 명의의 차명계좌로 수취

② 고가의 식대 및 고급 차량 리스료 등 사적비용을 부당 경비처리

③ 실제 근무하지 않은 친인척에게 가공인건비 지급

③ 사례 3

해외 플랫폼 업체에서 입금된 외화수입 금액을 무신고한 1인 방송사업자.

수백만 명의 구독자를 보유한 유명 1인 방송사업자가 수입 금액이 해외 플

랫폼 업체로부터 외화로 입금되는 점을 악용하여 무신고.

고급 백화점, 쇼핑몰 등에서 사용한 사적 경비를 비용으로 계상하여 세금 탈루.

④ 사례 4

직원 명의로 다수의 사업장을 운영하며 탈세한 고가 의류업체. 연예인 의류 협찬으로 유명세를 타면서 호황을 누리는 고가 의류 제조·판매·임대 업체가 다수의 명의 위장 사업장을 운영하여 세금 탈루.

① 할인 조건의 현금결제 유도 및 차명계좌 사용

② 직원 명의로 다수의 사업자 등록하여 소득 분산

③ 탈루한 소득으로 배우자·자녀 명의 부동산 취득 및 자녀 대출금 상환 등에 사용하고 증여세 신고 누락

⑤ 사례 5

바지사장을 이용하여 매출 누락 및 세무 조사를 회피한 유명 음식점.

TV 방영으로 관광객이 몰려 호황을 누리는 음식점이 고액의 현금매출을 계좌에 입금하지 않고 현금으로 보관하면서 신고 누락. 세무 조사를 회피하기 위해 동일 장소에 자녀 명의 또는 법인 사업체를 설립하는 등 개·폐업을 반복하면서 비정상적으로 운영.

고소득 유튜버 세무 조사 ✍

구독자 10만 이상 유튜버가 2015년 367명에서 2020년 5월 4,379명으로 11.9배 증가하였다. 2019년 8월 '1인 미디어산업 활성화 방안' 관계부처 합동회의에서 1인 미디어 시장 전망을 2018년 3조 8,700억 → 2020년 5조 1,700억 → 2023년 7조 9,000억 원으로 예측하고 있다.

고소득 유튜버의 경우 동영상을 제작하여 유튜브(YouTube) 등에 업로드하면서 동영상에 포함되어 있는 광고 노출 조회수에 대한 광고 수익을 받는다. 이 과정에서 차명계좌를 통하여 송금받거나 소액으로 쪼개어 받는 방식으로 탈세 하는 것으로 확인되고 있다.

조사 확인 사례 ✔

No	구분	내용
사례 1	차명계좌로 분산 수취	구독자 10만 명의 유명 유튜버가 해외 광고대가를 딸 명의 차명계좌로 송금 받고 소득세 탈세
사례 2	소액송금 광고 대가 탈루	20만 명의 팔로워를 가진 SNS 유명인이 1만 달러 이하로 소액 송금되는 해외 광고 대가 신고누락

국세청에서는 건당 1천 달러, 연간 사람별 1만 달러 초과 외환거래 자료 DB를 정밀 분석하고, 국가 간 금융정보 교환자료 등 과세 인프라를 최대한 활용하여 차명계좌나 송금액 쪼개기를 통한 해외

소득의 분산·은닉 등 지능적 조세회피를 시도하는 고소득 크리에이터들을 중점적으로 검증할 예정이다.

국세청은 당신이 알고 있는 것 보다 더 많은 것을 알고 있다 ✍️

"국세청은 당신이 알고 있는 것 보다 더 많은 것을 알고 있다."〈조세일보〉기사의 전문이다.

위 기사의 전문은 국세청이 보유하고 있는 과세정보 자료가 얼마나 방대한지를 보여주고 있다. 국세청은 수집된 자료를 활용한 각종 분석 시스템을 개발하고 있다.

국세청은 2009년부터 지하경제 양성화 및 탈루소득 발굴을 위해 「소득-지출 분석 시스템」을 개발해 2010년부터 세무 조사 대상자 선정 등 여러 가지 용도로 활용하고 있다.

소득-지출 분석 시스템(PCI)란? ✔️

재산증가액+소비지출액-신고(결정) 소득 금액 계=탈루 혐의 금액

| 부동산, 주식, 회원권 등 | 해외체류비, 신용카드·현금 영수증 사용액 등 | |

P = property 재산 증가   C=consumption 소비   I=income 소득

① 재산증가액(부동산, 주식, 회원권, 자동차, 금융자산 등 증가분에서 부채를 차감한 금액) + ② 소비지출액(신용카드, 현금 영수증, 해외여행 등) - ③ 신고 소득 금액(국세청에 신고납부한 세금 기준) = ④탈루 혐의 금액

PCI시스템은 개인의 부동산, 주식, 회원권, 승용차, 전세보증금, 금융자산 등 재산증가액과 해외여행 내역, 신용카드·현금 영수증 사용액 등 소비지출액을 합산한 금액에서 소득자가 신고한 소득 금액을 뺀 차액을 탈루 혐의 금액으로 보고 세무 조사 대상으로 선정하게 된다.

이는 일정 기간(5년)의 신고 소득 금액과 재산증가액과 소비지출액을 비교 분석하여 신고한 소득에 비해 재산의 증가나 소비의 지출이 과할 경우 세무 조사로 검증하겠다는 것이다. 무조건 세금을 줄이는 것이 정답은 아니다. 소득에 맞는 재산증가와 소비지출을 하고 있는지 점검해 봐야 할 것이다.

소득-지출 분석 시스템(PCI)에 의한 병의원 탈루소득 적출 사례 ✔

재산증가액	+소비지출액	-신고(결정) 소득 금액	=탈루 혐의 금액
30억	5억	11억	24억

· 최근 5년 간 신고한 소득 금액 : 11억 원

· 재산증가액 : 30억 원

· 소비지출액 : 5억 원

1천만 원 이상 현금, 입·출금 시 보고된다 ✍

금융정보분석원(FIU)은 외국환거래 등 금융거래를 이용한 자금 세탁 행위와 공중협작자금 조달행위를 규제하는데, 필요한 '특정 금융거래정보의 보고 및 이용 등에 관한 사항'을 규정함으로써 범죄행위를 예방하고 나아가 건전하고 투명한 금융거래 질서 확립을 목적으로 한다.

금융정보분석원(FIU)은 자금세탁이 의심되는 등 "수사 및 조사에 필요하다고 인정하는 경우에 한하여" 정보분석심의회 심의 등 엄격한 절차를 거쳐 법이 규정한 기관(검찰, 경찰, 국세청, 관세청 등 8곳 기관)에 정보를 제공한다.

국세청이 2018년 금융정보분석원(FIU) 정보를 활용한 세무 조사는 1만 4,514건이었으며 2조 5,635억 원의 세금을 부과했다.

'고액현금거래 보고(CTR)'란 고객이 금융사를 찾아와 현금으로 입출금할 경우 금융정보분석원(FIU)에 보고하는 것을 말한다. 창구 거래뿐만 아니라 현금자동입출금기상의 현금입출금도 포함된다. 불법 자금 유출입과 자금 세탁 등 비정상적인 금융거래를 차단하기 위해 시행하고 있다.

2019년 7월부터 은행 등 금융회사에서 1천만 원 이상 현금 거래를 하면 금융정보분석원(FIU)에 거래내용을 보고하는 것으로 금액 기준이 강화되었다. 1일 입출금 기준금액이 1천만 원 미만이더라도 의심 사항이 있다면 금융정보분석원(FIU)에 보고해야 한다. 또한 1천만 원 미만 금액을 반복해서 인출하는 경우도 보고 대상이 된다.

세무 조사, 알면 두렵지 않다

세무 조사 절차흐름도 ✍

세무 조사를 받게 되는 사업자는 과세 관청으로부터 세무 조사 실시 15일 전 '세무 조사 사전통지'를 받게 된다. 그러나 조세범칙 조사와 사전통지를 하면 증거인멸 등의 우려가 있을 때에는 사전통지를 생략할 수 있다. 세무 조사 사전통지를 받게 되면 사업자는 무조건 세무 조사를 받아야 한다고 생각한다. 세무 조사는 납세자의 일정한 사유가 있을 시 연기할 수 있다. 세무 조사를 피할 수 없다면 적극적으로 받아야 한다. 세무 조사의 절차를 이해하고 납세자로서의 권리를 정당하게 활용해야 한다.

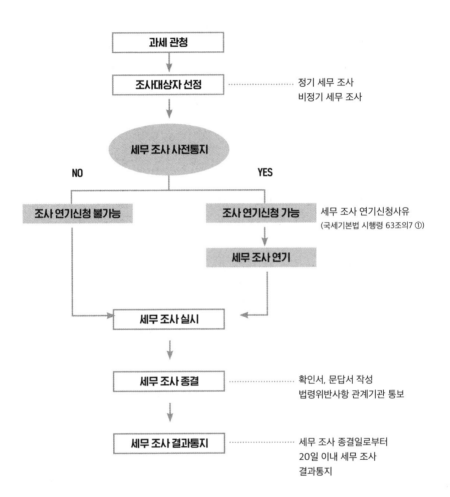

과세 관청

조사대상자 선정 ⋯⋯⋯⋯⋯ 정기 세무 조사
비정기 세무 조사

세무 조사 사전통지

NO   YES

조사 연기신청 불가능   조사 연기신청 가능 세무 조사 연기신청사유
(국세기본법 시행령 63조의7 ①)

세무 조사 연기

세무 조사 실시

세무 조사 종결 ⋯⋯⋯⋯⋯ 확인서, 문답서 작성
법령위반사항 관계기관 통보

세무 조사 결과통지 ⋯⋯⋯⋯⋯ 세무 조사 종결일로부터
20일 이내 세무 조사
결과통지

세무 조사에 대응하는 방법 ✍

세무 조사를 준비하는 사업자는 두 가지 유형으로 나누어진다. 첫 번째 적극적으로 세무 조사에 대해 준비하는 사업자, 두 번째 세무 대리인에게 전적으로 위임하는 사업자이다.

세무 조사에 대한 모든 책임은 사업자에게 있다. 세무 대리인은 세무 조사의 조력자일 뿐이지 세금 납부에 대한 책임을 지지 않는다. 사업자는 세무 대리인과 함께 세무 조사에 대해 적극적으로 참여하고 대응해야 한다. 세무 조사 대상자로 선정이 되면 사업자는 세무 조사 전 어떤 준비를 해야 할까?

일반 세무 조사의 경우 세무 조사가 개시되기 전까지는 15일의 시간이 있다. 세무 조사를 받을 확률은 높지 않다. 조사대상자로 선정이 되었다는 것은 크든 작든 문제가 있다는 것이다. 하지만 세무 조사 전 당황하지 않고 차분하게 준비한다면 좋은 결과를 가져올 수 있다.

첫째, 지피지기면 백전불태 ✔

세무 대리인은 세무 조사 전 사업자에 대한 정밀 진단을 한다. 사업에 대한 소소한 내용까지도 파악하고 있어야 세무 조사에 충실히 대응할 수 있다. 사업자에 대해 알지 못하면 세무 조사관에게 신뢰감을 줄 수 없고 세무 조사에 좋은 영향을 줄 수 없게 된다. 사업자가 가지고 있는 예상문제를 파악하고 이에 대한 준비를 해야 한다. 가끔 사업자가 세무 대리인에게 회사의 문제점을 숨기고 조사를 받다가 밝혀져 예상치 못한 세금을 추징당하는 경우가 있다. 적어도 세무 대리인에게는 모든 문제점을 알려주어야 대응 방안을 준비할 수 있다.

둘째, 세무 조사 쟁점사항을 파악하라 ✔️

세무 조사는 짧게는 2주에서 길게는 4주까지 계속된다. 세무 조사가 진행되는 사항을 꼼꼼히 기록해야 한다. 조사과정에서 세무 조사관이 요구하는 사항과 요청자료를 메모해야 한다. 세무 조사관들이 요구하는 사항과 자료들이 세무 조사 쟁점 사항이 될 확률이 높다. 쟁점 사항을 파악하면 대응 방안을 준비할 수 있고, 세금도 줄일 수 있다.

셋째, 세무 조사를 통해 성장하라 ✔️

피할 수 있으면 피하는 게 제일 좋은 방법이겠지만 세무 조사의 긍정적인 부분도 있다. 세무 조사를 통해 기업이 갖고 있던 문제점을 찾아내고 부족한 부분을 보완할 수 있다. 세무 조사 후 억울하게 세금을 냈다고 생각하는 사업자는 많지 않다. 고의적으로 탈세를 한 경우가 아니라면 세무적으로 지식과 경험이 부족하여 세금을 납부하게 된다고 생각한다. 사업자는 세무 조사를 통해 회사 시스템을 정비하는 기회로 가지기도 한다. 장기적인 면에서는 한 단계 더 발전하는 기회가 될 수도 있다.

세무 조사 전 준비할 서류 ✍

세무 조사 대상자에 선정되면 국세청으로부터 세무 조사 사전통지서를 받게 된다. 세무 조사 사전통지는, 세무 조사를 시작하기 15일 전에 조사대상 세목, 조사 기간 및 조사 사유 등의 내용을 담아 조사대상자에게 통지한다.

세무서에서 세무 조사 통지서가 오면, 대부분의 사업자는 세무 조사에 대한 걱정과 불안감에 조사가 시작될 때까지 아무것도 하지 않는 경우가 많다. 세무 조사 대상자로 선정이 되었다는 의미는, 국세청 입장에서 문제가 있어 확인해 보겠다는 것이다. 철저하게 준비하지 않으면 예상치 못한 세금을 추가로 납부할 수 있게 된다. 세무 조사 시 제출해야 하는 서류에 대한 사전 검토가 성공적 세무 조사의 첫 시작이므로 철저하게 준비해야 한다.

세무 조사 시 준비할 사항 ✔

• 회사연혁 및 본·지점, 공장 조직도

• 업종별 업무(영업) 흐름도

- 대표이사 및 주요 임직원, 주주 현황

- 법인세, 부가가치세, 원천세 등 각종 세무 신고서

- 전표 및 증빙철

- 계정별 원장(출력물 또는 전산자료) 및 거래처별 원장

- 세금 계산서·계산서 및 거래명세서

- 어음 수불대장, 재고자산 관리대장 등

- 주식변동조사 포함 시 주식변동 내역을 입증하는 주식 양수·양도 계약
서, 신고서 및 자금 출처 관련 서류

- 정관, 사규, 이사회 회의록 등 회사 규정 및 의사결정에 관한 자료

- 법인 통장 또는 예금 거래명세서(사업용 계좌)

- 기타 법인세 등 각종 세무 신고 시 기초자료가 되는 근거서류

세무 조사, 연기할 수 있다 ✍

　세무 조사를 급하게 받을 필요는 없다. 충분하게 검토하고 준비
할 수 있는 시간을 갖는 것이 좋다. 사업자는 세무 조사 대상자에 선
정되면 과세 관청의 조사일정에 따라 무조건 세무 조사를 받아야
한다고 생각한다. 그러나 다음의 사유에 해당되면 관할 세무관서의
장에게 세무 조사를 연기를 신청할 수 있다. 세무 조사 연기신청을

받은 관할 세무서장은 연기신청의 승인 여부를 검토하고 결정하여 그 결과를 조사가 개시되기 전까지 납세자에게 통지해야 한다.

세무 조사를 연기할 수 있는 상황 ✔

- 주된 사업장 또는 사무실을 이전하는 때

- 사업에 심한 손해를 입어 어려움이 있을 때

- 천재지변, 화재, 노사분규 등으로 사업상 심한 어려움이 있을 때

- 납세자의 질병, 장기출장 등으로 조사가 힘들다고 판단될 때

- 권한이 있는 기관에 장부, 증빙서류가 압수 또는 영치된 때

- 납세자의 동거가족이 발병으로 위중하거나 사망해 상중일 때

- 자금압박 등으로 경영상 중대한 위기에 처한 때

- 외부회계 감사 기간과 세무 조사 기간이 중복되는 때

- 기타통합조사실시 등 부득이한 사유가 있어 조사 착수를 연기할 필요가 있다고 판단될 때

- 공정거래위원회의 조사, 지방세 조사 등 타 기관의 조사 기간과 세무 조사 기간이 중복되는 때

- 기타 이에 준하는 사유로 인해 조사 관할 관서장이 세무 조사를 연기할 필요가 있다고 판단될 때

- 화재 그 밖의 재해로 사업상 심각한 어려움이 있을 때

- 납세자 또는 납세 관리인의 질병·장기출장 등으로 세무 조사가 곤란하

다고 판단될 때

- 권한이 있는 기관에 장부, 증거 서류가 압수되거나 영치되었을 때

세무 조사 결과통지서가 왔어요 ✍️

세무 조사를 마치고 얼마 되지 않아 거래처 사장님께 전화가 왔다. 세무서에서 세무 조사 결과에 대한 과세예고 통지서가 왔는데 어떤 세금을, 언제까지 내라는 건지 모르겠다는 내용이었다. 사실 세금에 대해 잘 모르는 사람이 조사 결과통지서의 내용을 이해하기는 쉽지 않다.

세무 공무원은 조사 기간이 종료한 날로부터 20일 이내에 세무 조사 결과통지서에 세무 조사 결과를 기재하여 서면으로 납세자에게 통지해야 한다. 통지서에는 조사대상 세목 및 과세 기간, 과세표준, 세액의 결정 사유와 과세전 적부심사청구에 대한 안내도 포함되어 있다.

납세자는 세무 조사 결과통지서의 내용을 정확히 확인해야 한다. 세무 조사 과정에서 예상했던 사항과 비교 검토해서 문제가 있으면 30일 이내에 과세전 적부심사청구를 신청해야 한다. 세무 조

사 결과 등 통지내용에 이의가 없으면 세무서는 예고통지대로 세금을 고지하게 된다.

'조기결정신청제'로 세금 줄이기 ✍

세무 조사가 끝나면 사업자분들이 가장 궁금해 하는 것이 있다. 바로 세금을 언제 납부해야 하느냐이다. 세무 조사를 받으면서 어느 정도의 세금이 추징될지에 대해서는 알고 있다. 추징될 세금에 대한 자금 확보를 언제까지 어떻게 해야 할지에 대해 준비가 필요하기 때문이다.

세무 조사가 끝내면 국세청으로부터 세무 조사 결과에 대한 과세예고 통지서를 받게 된다. 납세자가 세무 조사 결과 등 통지내용에 이의가 있을 경우 통지서를 받은 날부터 30일 이내에 세무서장·지방국세청장 또는 국세청장에게 통지 내용에 대한 적법성 여부에 관하여 심사를 청구할 수 있다.

그러나 납세자가 세무 조사 결과에 대해 이의가 없을 경우에는 세금을 조기에 결정·고지하여 줄 것을 신청할 수 있는 '조기결정신청제'가 있다. 조기결정신청을 통하여 과세전 적부심사청구 기간

30일의 경과를 기다리지 않고 세금을 조기에 납부할 수 있어 가산세 부담을 줄일 수 있다.

조사종결 후 세금이 결정되고 고지되기까지 짧게는 30일 이상이 소요된다. 세무 조사 결과에 이의가 없으면 납세자의 신청에 따라 조기결정·고지할 경우 30일간의 납부 불성실 가산세로 약 0.75%(1일 2.5/10,000×30일)를 줄일 수 있게 된다. 낼 세액이 10억 원 일 경우 750만 원의 가산세를 줄일 수 있다.

세무 조사로 인하여 세금을 납부해야만 한다면 조기결정신청으로 안 내도 될 가산세를 추가로 부담하지는 말아야 한다.

지인의 입방아를 조심하라

늘어나는 탈세 제보! ✍

국세청에만 접수되는 탈세 제보 신고 건수는, 국세청 탈세 제보 추징 자료에 의하면 2014년부터 2018년까지 총 7조 59억 원의 세금을 추징했다. 이에 대한 포상금으로 547억 1천 100만 원이 지급되었다. 2018년 탈세 제보에 따른 포상금은 342건에 대해 125억 2천 100만 원이 지급되었다. 포상금은 탈루 세액이 5천만 원 이상 추징되어 납부되고, 불복청구가 종료된 때에만 지급된다. 2018년 한 해 탈세 제보 신고 건수는 2만 319건으로 이 중 1만 7천 873건이 처리되었다.

포상금 산출 기준금액	지급률
5천만 원 이상 ~ 5억 원 이하	100분의 20
5억 원 초과 ~ 20억 원 이하	1억 원 + 5억 원 초과금액의 100분의 15
20억 원 초과 ~ 30억 원 이하	3억 2천 5백만 원 + 20억 원 초과금액의 100분의 10
30억 원 초과	4억 2천 5백만 원 + 30억 원 초과금액의 100분의 5

차명계좌를 이용한 탈세 ✍

차명계좌는 사업자 본인 명의가 아닌 타인 명의의 모든 계좌를 말한다. 차명계좌는 주로 가족, 임직원, 대표자 개인계좌(법인 사업자)인 경우가 많다. 사업자가 차명계좌를 사용하는 목적은 음성적인 현금매출을 누락하기 위해서이다. 탈세 목적으로 차명계좌를 사용하다 적발될 경우 국세청에서는 엄정하게 과세하고 있다. 고율의 가산세와 과태료 부과 및 검찰 고발 등의 불이익을 받을 수 있다.

차명거래는 금융위원회 금융정보분석원(FIU) 등 유관기관과의 협력을 통해 자금송금거래 내역 분석과 차명계좌 신고 등으로 적발되는 건수가 늘어나고 있다. 차명계좌 신고가 접수될 경우 해당 금융계좌 내역을 확인하고 세무 조사 등을 실시한다. 차명계좌를 통해 세금을 탈루하는 것은 무모한 행위이다.

2018년 국세청에서는 차명계좌 3만 362건에 대하여 5천 3백억 원의 세금을 추징하였다.

금융 실명제 위반 불법적인 차명거래에 대한 예 ✔

범죄수익 은닉, 자금세탁, 조세포탈, 공중협박 자금조달 행위, 강제집행 면탈 등의 불법행위 또는 범죄의 수단으로 악용 될 수 있는 차명거래를 할 경우 형사적 및 행정적 제재와 민사적 불이익을 받을 수 있다.

차명계좌 신고 포상금 제도 ✍️

국세청은 2013년부터 고소득 사업자의 음성적 현금 탈세 차단 및 지하 경제 양성화 목적으로 차명계좌 신고 포상금 제도를 운영하고 있다. 법인 사업자와 복식 부기 의무 개인 사업자가 타인 명의 계좌를 사용하는 경우를 신고할 때 포상금을 지급하고 있다. 차명계좌를 통해 탈루한 세액이 1천만 원 이상인 경우에만 신고 건별로 100만 원의 포상금을 지급한다.

차명계좌 신고 포상금 지급 요건 ✔️
① 법인 또는 복식 부기 의무 개인 사업자가 사용하는 차명계좌를 신고하고 차명계좌에서 탈루한 세액 기준 1천만 원 이상 추징되는 경우
② 신고 연도 기준 연간 5천만 원을 한도
③ 신고 계좌 건당 100만 원의 포상금을 지급한다.

차명계좌 신고하는 방법 4가지 ✔️
① 국세청 홈택스 홈페이지 이용하기

국세청 홈택스 접속 → 화면 상담/제보 선택 → 탈세 제보/차명계좌 신고 선택 → 사업자 차명계좌 신고 선택 → 실명/익명 제보 선택 → 개인정보동의 → 실명인증 → 제보자 인적사항 → 신고대상자(피제보자) 인적사항 → 차명계좌 내역 → 제보내용 기술 → 제보하기

② 국세청 홈택스 모바일 앱을 사용하여 신고하기
첫 화면의 상담/제보 선택 → 탈세 제보 선택 → 차명계좌 신고 선택 → 실명/익명 제보 선택 → 개인정보동의 → 실명인증 → 제보자 인적사항 → 신고대상자(피제보자) 인적사항 → 차명계좌 내역 → 제보내용 기술 → 제보하기

③ 방문 및 우편으로 신고하기
전국 세무서를 직접 방문하거나 우편 접수를 통해 신고가 가능하다. 반드시 관할 세무서가 아니어도 가능하다. 가까운 세무서에 신고하면 된다.

④ 전화로 신고하기
국번 없이 126으로 전화하여 단축키 4번을 누르고 1번을 차례로 눌러 신고 가능하다.

타인 명의 사업자 신고 포상금 100만 원! ✍

국세청은 타인의 명의로 사업자 등록을 하거나 타인 명의의 사업자 등록을 이용하는 '명의위장 사업자'를 신고하는 경우 신고자에게 포상금을 지급하고 있다.

다만 배우자, 직계존속 또는 직계비속 명의로 사업자 등록을 하고 사업을 경영하거나 배우자, 직계존속 또는 직계비속 명의의 사업자 등록을 이용하여 사업을 경영하는 경우, 조세를 회피하거나 강제 집행을 면탈할 목적이 없다고 인정된다면 포상금 신고대상에서 제외된다.

또한 약정한 날까지 채무를 변제하지 아니하여 「신용정보의 이용 및 보호에 관한 법률」 제25조 제2항 제1호에 따른 종합신용정보집중기관에 등록된 경우에도 제외가 된다.

포상금 지급에 해당하는 경우 신고 건별로 100만 원을 지급할 수 있으며, 같은 사람에 대해 2건 이상의 명의 대여 받은 행위를 신고하는 경우에는 각각의 신고 건으로 계산하여 지급한다.

신고 접수는 「명의위장 사업자 신고서」를 작성하여 사업장 관할 세무서장, 관할 지방국세청장 또는 국세청장에게 신고한다. 홈택스(www.hometax.go.kr) '탈세 제보'를 통해서도 신고할 수 있다.

1일 마스터 성공 창업을 위한 실전 세무

개인적인 사정에 의하여 본인 명의로 사업자 등록을 할 수 없는 경우가 종종 있다. 이 경우 본인 명의로 사업자 등록을 할 수 없다면, 가족 명의로 사업자 등록을 하는 것을 추천한다. 가족이 아닌 타인 명의로 사업자 등록을 할 경우 '명의위장 사업자'에 해당되어 국세청에 신고될 수 있다.

현금 영수증 발급거부(미발급) 신고 포상금 ✍️

음식점을 하는 사업주에게서 연락이 왔다. 세무서에서 현금 영수증 발급거부 신고가 접수되었다는 내용이었다. 신고 내용이 사실이라면 사업자는 미발급 금액에 대한 현금 영수증 가산세를 20%(2019년 이전 미발급 과태료 50%)를 납부해야 한다.

만약 2018년 1백만 원이 미발급 되었다면 현금 영수증 미발급 과태료 50%와 부가가치세 10%, 소득세 40%를 추가로 납부해야 한다. 이 경우 가산세까지 합치게 되면 100% 이상 세금을 납부할 수도 있다. 따라서 현금 영수증 의무발행업종인 경우에는 현금 영수증 미발급으로 인한 신고가 발생되지 않도록 각별히 조심해야 한다.

소비자 상대 업종 현금 영수증 가맹점이 소비자가 현금 영수증 발급을 요청하였으나 발급을 거부하거나 사실과 다르게 발급하는 경우 신고 대상에 해당된다. 소비자는 발급을 거부당하거나 사실과 다르게 발급받은 경우 5년 이내에 신고할 수 있다. 현금 영수증 미발급 사실을 증명할 수 있는 거래 증명이 있어야 신고가 가능하다.

미발급 신고 포상금은 미발급 금액의 20% 한도로 동일인 연간한도 200만 원(신고일 기준)으로 지급 금액 중 1천 원 미만 금액은 없는 것으로 하고 지급한다.

※홈택스 홈페이지 [상담/제보] – [현금 영수증, 신용카드, 주택임차료 민원신고]

미발급 신고 포상금 ✔

과태료 대상금액	지급금액
5만 원 이하	1만 원
5만 원 초과 250만 원 이하	과태료 대상금액의 100분의 20에 해당하는 금액
250만 원 초과	50만 원

모범납세자가 되면 달라지는 것은?

모범납세자로 선정되면 받을 수 있는 혜택은? ✍️

국세청은 매해 3월 3일을 '납세자의 날'로 제정하고 성숙한 납세 문화 조성을 위해 노력한 모범납세자를 선정하여 다양한 혜택을 주고 있다. 혜택은 세무 행정상 우대 혜택과 사회적 우대 혜택으로 나뉜다.

모범납세자로 선정이 되면 세무 조사를 유예할 수 있다. 세금 납부에 대한 징수유예나 납기 연장 시 체납 이력을 감안하여 5억 원 한도 내에서 납세담보 제공이 면제 된다. 또한 각종 민원증명에 수상 이력이 표시되고, 모범납세자 증명서를 발급받을 수 있다.

인천공항 이용 시 모범납세자를 위한 전용 '비즈니스 센터'에서 사무기기, 음료 및 간식 등이 제공되며 세무 상담과 각종 증명발급 서비스를 받을 수 있다. 리조트, 병원, 은행, 지자체 주차장, 공항 출입국 등 여러 기관에서도 많은 혜택을 받는다.

세정상 우대 혜택 ✔

우대 혜택	대상 훈격	우대 기간	비고
세무 조사 유예	국세청장표창 이상	수상일부터 3년	순환조사 대상 법인은 세무 조사 유예 혜택 배제, 조사시기 선택 가능
	지방청장표창 이하	수상일부터 2년	
	산동부 또는 노동부 추천자 중 총리 이상	선정일부터 2년	
	고용노동부 장관 추천	선정일부터 1년	
납세담보 면제	국세청장표창 이하	수상일부터 3년	납세담보 면제 한도 연 5억 원
	지방청장표창 이상	수상일부터 2년	
	산동부 또는 노동부 추천자 중 총리 이상	선정일부터 3년	
	고용노동부 장관 추천	선정일부터 2년	
모범납세자 증명발급	국세청장표장 이상	수상일부터 3년	과거 10년간 표창이력 동시 표기
	지방청장표창 이상	수상일부터 2년	
민원 증명에 수상 이력 표기	국세청장표창 이상	수상일부터 3년	증명서 상단에 표기
	지방청장표창 이하	수상일부터 2년	
국세공무원교육원 시설 개방	모든 모범납세자	수상일부터 3년	
인천공항 모범납세자 전용 비즈니스센터 이용	세무서장표창 이상	수상일부터 3년	

사회적 우대 혜택 ✔️

우대 혜택	대상 훈격	우대 기간	제공 기관
철도 운임 할인	세무서장 이상	수상일로부터 1년	한국철도공사 주식회사 에스알
콘도 요금 할인 [평일]회원요금, [금, 토, 공휴일 전일] 회원초청요금	국세청장 이상 * 소속 근로자 포함	수상일로부터 3년	소노호텔& 리조트 (대명리조트)
의료비 할인 :비보험 진료비 등 10~20%p	국세청장 이상 * 소속근로자 포함 (단, 대구·경북은 지방청장 이상, 부산·경남은 세무서장 이상)	수상일로부터 3년	국세청과 협약을 체결한 전국 56개 병원
금융우대 — 대출금리 등	은행별로 다름	수상일로부터 1~3년	신한은행 외 10곳
금융우대 — 보증심사 우대	국세청장 이상	수상일로부터 3년	신용보증기금
금융우대 — 신용평가 우대	세무서장 이상	수상일로부터 3년	금융기관 및 신용평가회사
금융우대 — 보증지원 우대	국세청장 이상	수상일로부터 3년	SIG서울보증, HUG주택도시 보증공사
공영 주차장 무료 이용	국세청장 이상	수상일로부터 1년	지방자치단체 주차장
공항 출입국 우대 :전용심사대·승무원 전용 보안 검색대 이용	국세청장 이상 * 동반 3인까지	선정일로부터 3년	법무부, 국정원 등 * 인천, 김포, 제주, 김해 등 국제공항
전용 신용카드 발급	세무서장 이상 * 소속 임직원 포함	-	신한카드
노사문화 우수기업 선정 시 우대	국세청장 이상	수상일로부터 3년	고용노동부
물품·용역 등 구매 적격 심사 시 가점 부여	국세청장 이상	수상일로부터 2년	국방부:0.25점 방위청:물품 0.1점, 장비 0.25점

모범납세자 선발 기준은? ✍

'모범납세자 우대 제도'를 운영하는 국세청에서는 모범납세자를 선발하는 5가지 원칙과 2가지 기준을 갖고 있다. 대상자 중 체납액이 있는 자, 신용카드 및 현금 영수증 미가맹 또는 발급 거부한 사업자, 조세범으로 처벌받은 사업자 등은 모범납세자 제외대상이다.

모범납세자(포상, 표창대상자) 선발 원칙 ✔

① 성실 신고 납부로 국가재정에 기여한 자

② 일자리 창출, 산업 발전 등 국가 경제력 강화에 기여한 자

③ 지속적으로 사회에 공헌한 자

④ 거래질서가 건전한 사업자

⑤ 적은 수입으로도 자기 몫의 세금을 성실하게 내는 소상공인

모범납세자 선발 기준 ✔

① 일반 분야

- 총결정 세액 기준

- 법인 사업자 : 법인세 5천만 원 이상인 자

- 개인 사업자 : 소득세 5백만 원 이상인 자

1일 마스터! 성공 창업을 위한 실전 세무

② 소상공인 분야

- 추천 기준일 현재 3년 이상 계속 사업자

- 법인 사업자

- 상시 근로자 수가 5인 미만인 소기업(제조, 광업, 건설업, 운수업은 10인 미만) 중소기업기본법 제2조 제2항에 따른 소기업

- 개인 사업자

- 상시 근로자 수가 5인 미만의 소기업(제조, 광업, 건설업, 운수업은 10인 미만)

- 제조업 등 : 최종사업연도 사업장별 수입 금액이 20억 원 미만인 개인 사업자

요즘 지인들로부터 이런 질문을 많이 받는다.

"이제 지긋지긋한 직장 생활을 그만두고 사업을 하려고 하는데, 어떤 업종을 하면 돈을 많이 벌 수 있을까?"
"지금 가장 핫한 업종이 뭐야?"
"5천만 원으로 할 수 있는 괜찮은 사업 없을까?"
"커피 전문점을 개업하고 싶은데 괜찮을까?"

아마도 세무법인에 25년간 근무하면서 많은 업종을 상담하고 관리했기에 가장 잘 알고 있을 거라 생각하고 물어보는 것 같다.

맞다.
필자는 다양한 업종의 사장님들과 상담을 했다. 그들의 성공과 실패도 수없이 보아왔다. 그리고 지금도 사업자들이 같은 실수를 하지 않도록 상담을 계속하고 있다.

필자는 지인들에게 이렇게 답변한다.

100% 성공하는 사업은 없다. 그리고 100% 실패하는 사업도 없다.

그러나 세무를 알면 실패할 확률을 낮출 수 있다. 약간의 세무 지식만이라도 알고 사업을 시작하라 당부한다.

세금이라고 하면 대부분 골치 아프고, 내기 싫고, 복잡한 것이라도 생각한다. 세무 업무는 무조건 세무사에게 맡겨 두고 세금만 납부하면 끝이라고 생각한다.

그러나, 최소한 다음 세무 지식 3가지만이라도 알고 사업을 시작하시기를 바란다.

사업을 시작하면서 알아야 하는 세무 지식 3가지

첫째, 기업을 경영하면서 내야 하는 세금의 종류
둘째, 세금의 계산 구조
셋째. 세금을 언제 납부하는지 알아야 한다.

세무에 관련하여 완벽하게 숙지하고 사업을 시작하는 경우는 없다. 그러나 꼭 알아야 하는 세무 지식은 있다.

새로운 사업을 시작하는 혹은 세금에 관한 지식이 부족한 채로 사업을 진행하고 있는 사업자들이 이 책을 통한 쉬운 세무 지식 습득으로 성공 창업하기를 기원한다.

1일 마스터!
성공 창업을 위한 실전 세무

초판 1쇄 발행   2020년 12월 4일

지은이   김동오
발행인   곽철식

책임편집 김나연
디자인   박영정
펴낸곳   다온북스
인쇄   영신사

출판등록 2011년 8월 18일 제311-2011-44호
주소   서울시 마포구 토정로 222, 한국출판콘텐츠센터 313호
전화   02-332-4972   팩스   02-332-4872
전자우편 daonb@naver.com

ISBN 979-11-90149-47-1 (13320)

이 도서의 국립중앙도서관 출판예정도서목록(CIP)은 서지정보유통지원시스템
홈페이지(http://seoji.nl.go.kr)와 국가자료공동목록시스템(http://www.nl.go.kr/kolisnet)에서
이용하실 수 있습니다.(CIP제어번호: CIP2020047756)

- 다온북스는 독자 여러분의 아이디어와 원고 투고를 기다리고 있습니다.
  책으로 만들고자 하는 기획이나 원고가 있다면, 언제든 다온북스의 문을 두드려 주세요.